D1825904

VOYAGE

DE

JAQVES CARTIER

1534

IMPRIMERIE JOUAUST

RUE SAINT-HONORÉ, 338

A Paris

VOYAGE

DE

JAQVES CARTIER

AV CANADA

EN 1534

Nouvelle édition, publiée d'après l'édition de 1598
et d'après Ramusio

PAR M. H. MICHELANT

AVEC DEUX CARTES

DOCUMENTS INÉDITS

SUR

JAQUES CARTIER ET LE CANADA

COMMUNIQUÉS

PAR M. ALFRED RAMÉ

PARIS

LIBRAIRIE TROSS

5, RUE NEUVE-DES-PETITS-CHAMPS, 5

1865

INTRODUCTION

La réimpression du Voyage de Jaques Cartier au Canada, en 1535 et 1536, que M. Tross a donnée en 1863, devait nécessairement être suivie de la première relation de cet habile navigateur. On la connaissait depuis 1556, par la version italienne

qui fait partie de la collection de Ramusio,
par les traductions anglaises que Hakluyt
a insérées dans son recueil qui a paru
en ~~1582~~, ~~1589~~, 1598-1600, et, indépen-
damment des diverses reproductions pos-
térieures qu'il est inutile d'énumérer, par
l'édition de Raphaël du Petit-Val, qui
l'imprima à Rouen, en 1598. La rareté
excessive de ce petit volume, dont il
n'existe actuellement qu'un exemplaire
conservé à la Bibliothèque impériale, le
prix élevé des recueils de Ramusio et de
Hakluyt, et l'incorrection des textes pu-
bliés en dehors de ceux-ci, toutes ces
conditions réunies imposaient au nouvel
éditeur le devoir de compléter son œuvre
et de doter l'histoire de nos découvertes
dans l'Amérique du Nord de ce précieux
document. Il s'est acquitté de sa tâche de

manière à satisfaire aux exigences des bi-
bliophiles les plus difficiles.

La nouvelle édition n'a pas seulement le
mérite de reproduire avec une minutieuse
exactitude l'édition de 1598, elle s'est enri-
chie de plusieurs additions qui en augmen-
tent singulièrement la valeur. Ce sont d'a-
bord deux cartes tirées de l'ouvrage de
Ramusio, qui donnent une idée de la manière dont on comprenait la cartographie à
cette époque. L'une d'elles représente un
village de sauvages et la manière dont on
le fortifiait; elle offre, sous ce rapport, un
intérêt tout particulier, et l'on en cherche-
rait vainement l'équivalent ailleurs. Le
glossaire mis par Ramusio à la suite du
Voyage est le même que celui que donne
Hakluyt, qui, sans doute, s'est contenté de
le traduire; mais il diffère essentiellement

de celui que Raphaël du Petit-Val a mis à
la suite de l'Epistre ; cette différence a sug-
géré l'idée de les rapprocher et de vérifier
si, selon l'opinion commune, la relation
française n'était que la traduction du texte
italien de Ramusio ; cette supposition s'ap-
puyait d'ailleurs sur l'assertion de l'imprimeur rouennais, qui annonçait positi-
vement le fait de la traduction sans indi-
quer de quelle langue il l'avait tirée. Une
collation attentive des trois versions italienne, anglaise et française a démontré
jusqu'à l'évidence que les trois éditeurs
avaient puisé à une source différente, et
qu'en offrant la plus grande analogie, chacun des textes présentait des dissemblances
qui ne pouvaient être attribuées à un tra-
ducteur ; ce qui renforce singulièrement
cette opinion, c'est que le hasard vient à

l'instant même de faire découvrir une qua-
trième rédaction manuscrite, plus ancienne
que les autres, qui avait échappé jusqu'à
ce jour aux recherches les plus actives ;
peut-être un jour fera-t-elle l'objet d'une
nouvelle publication avec d'autres pièces
qui sont venues se joindre à cette heureuse trouvaille.

Enfin, ce qui donne le plus grand prix à
la réimpression actuelle, ce sont les docu-
ments nouveaux que l'on a pu recueillir
sur Jaques Cartier. Après la savante et
substantielle notice que la plume élégante
de M. d'Avezac a placée en tête du second
Voyage, il eût été difficile de rien ajouter, si
une heureuse circonstance n'avait mis à la
disposition de l'éditeur une série de pièces
du plus haut intérêt ; il en doit la commu-
nication à l'obligeance de M. Alfred Ramé,

de Rennes, dont le nom suffit pour en garantir l'authenticité. Elles nous font connaître les circonstances au milieu desquelles s'effectuèrent les diverses navigations du pilote malouin, les luttes qu'il eut à soutenir contre ses concitoyens, jaloux de contrecarrer ses projets dans un esprit de basse jalousie ou de mercantile avidité, les difficultés qu'il lui fallut surmonter malgré la protection du roi, les chicanes qu'il eut à subir à son retour et qui poursuivirent ses héritiers longtemps encore après sa mort. Lettres patentes, commissions royales, rôles d'équipages, autorisations diverses de princes et de hauts fonctionnaires, arbitrages, apurements de comptes, procédure au grand conseil: telle est, en peu de mots, la nomenclature de ces pièces; et s'il est affligeant de les voir nous montrer une fois de plus tout ce que rencontre d'obstacles chez le vulgaire l'exécution des grands desseins, applaudissons-nous de ce qu'elles font en même temps rejaillir sur les protecteurs et sur les compagnons de Jaques Cartier une portion de la gloire qu'il s'est acquise par ses travaux, ses fatigues et sa persévérance.

DISCOVRS

DV

VOYAGE

FAIT PAR LE CAPI-
TAINE IAQVES CARTIER

aux Terres-neufues de Canadas, Norembergue, Hochelage, Labrador, et
pays adiacens, dite nouuelle France,
auec particulieres mœurs, langage, et
ceremonies des habitans d'icelle.

A ROVEN,

DE L'IMPRIMERIE

De Raphaël du Petit Val, Libraire et Imprimeur
du Roy, à l'Ange Raphaël.

M. D. XCVIII.

AVEC PERMISSION.

L'IMPRIMEVR

aux Lecteurs.

SALVT.

MESSIEURS ayant ces iours pas-
seʒ imprimé l'Edict du Roy,
contenant le pouuoir et commission donnee par sa Maiesté au sieur
Marquis de la Roche pour la conqueste
des terres-neufues, de Norembergue,
Hauchelage, Canadas, Labrador, la
grand'Baye, et terres adiacentes. Il m'est
du depuis tombé entre les mains vn Discours du voyage fait ausdites terres, par
le Capitaine Iaques Cartier, escrit en
langue estrangere que i'ay fait traduire

en la nostre, par vn de mes amis. J'ay
pensé qu'il ne seroit hors de propos de le
mettre en lumiere, tant pour aider et ser-
uir comme de guide à ceux qui auroyent
desir d'entreprendre ledit voyage, que
pour le contentement d'autres qui se
plaisent en curieuses recherches et con-
templations. Je vous prie le receuoir de
telle affection que ie le vous presente.

S V R

L E V O Y A G E

de Canadas,

P A R C. B.

Q Voy? serons-nous tousiours esclaues
des fureurs ?
Gemirons-nous sans fin nos eternels
malheurs ?
Le soleil a roulé quarante entiers voyages,
Faisant sourdre pour nous moins de iours que d'orages :
D'vn desastre mourant vn autre pire est né :
Et n'apperceuons pas le destin obstiné
(Chetifs) qui nos conseils rauage, comme l'onde
Qui és humides mois culbutant vagabonde
Du neigeux Pirenée, ou des Alpes fourchus,
Entraine les rochers et les chesnes branchus :
Ou comme puissamment vne tempeste brise
La fragile chalope en l'Ocean surprise.

Cedons, sages, cedons au Ciel qui dépité
Contre nostre terroir, profane, ensanglanté
De meurtres fraternels, et tout puant de crimes,
Crimes qui font horreur aux infernaux abismes,
Nous chasse à coups de foüet à des bords plus heureux :
Afin de r'auiuer aux actes valeureux,
Des renommez François la race abastardie :
Comme on voit la vigueur d'vne plante engourdie,
Au changement de place, alaigre s'éueiller,
Et de plus riches fleurs le parterre émailler.
Ainsi France alemande en Gaule replantée :
Ainsi l'antique Saxe en l'Angleterre entée.
Bref, les peuples ainsi nouueaux sieges traçans,
Ont redoublé gaillars leurs sceptres florissans :
Faisans voir que la mer qui les astres menace,
Et les plus aspres mons à la vertu font place.
Sus sus donc compagnons qui bouillez d'vn beau sang,
Et ausquels la vertu esperonne le flanc,
Allons où le bon-heur et le Ciel nous appelle ;
Et prouignons au loing vne France plus belle.
Quitons aux faineans, à ces masses sans cœur,
A la peste, à la faim, aux ébats du vainqueur,
Au vice, au desespoir, ceste campagne usee,
Haine des gens de bien, du monde la risee.
C'est pour vous que reluit ceste riche toison
Deuë aux braues exploits de ce François Iason,
Auquel le Dieu marin fauorable fait feste,

D'vn rude Cameçon arrestant la tempeste
Les filles de Nerée attendent vos vaisseaux ;
Ià caressent leur prouë, et balient les eaux
De leurs paumes d'yuoire, en double rang fenduës,
Comme perçent les airs les voyageres Grues,
Quand la saison seuere et la gaye à son tour,
Les conuie a changer en troupes de seiour.
C'est pour vous que de laict gazouillent les riuieres :
Que maçonnent és troncs les mousches mesnageres :
Que le champ volontaire en drus espics iaunit :
Que le fidele sep sans peine se fournit
D'vn fruit qui sous le miel ne couue la tristesse,
Ains enclôt innocent la vermeille liesse.
La marâtre n'y sçait l'aconite tremper :
Ny la fieure alterée és entrailles camper :
Le fauorable trait de Proserpine enuoye
Aux champs Elysiens l'ame soule de ioye :
Et mille autres souhaits que vous irez cueillans,
Que reserue le Ciel aux estomachs vaillans.
Mais tous au demarer fermons ceste promesse :
Disons : plustost la terre vsurpe la vistesse
Des flambeaux immortels : les immortels flambeaux
Eschangent leur lumiere aux ombres des tombeaux :
Les prez hument plustost les montagnes fondues :
Sans montagnes les vaux foulent les basses nues :
L'Aigle soit veu nageant dans la glace de l'air :
Dans les flots allumez la Baleine voler :

Plustost qu'en nostre esprit le retour se figure :
Et si nous pariurons, la mer nous soit pariure.
O quels rampars ie voy! quelles tours se leuer !
Quels fleuues à fons d'or de nouueaux murs lauer !
Quels Royaumes s'enfler d'honorables conquestes !
Quels lauriers ombrager de genereuses testes !
Quelle ardeur me souleue ! Ouurez-vous larges airs,
Faites voye à mon aile : és bords de l'vniuers,
De mon cor haut-sonnant les victoires i'entonne
D'un essaim belliqueux, dont la terre frissonne.

F I N.

ENSVYT LE LAN-

GAGE DES PAYS ET ROYAV-

mes de Hochelage et Canadas, autrement appelée par nous la nouuelle France.

Et premierement leur maniere
de compter.

Segada.	1
Tigneny.	2
Asche.	3
Honnacon.	4
Ouiscon.	5
Indahir.	6
Ayaga.	7
Addegue.	8
Madellon.	9
Assem.	10

ENSVIT LES NOMS

des parties du corps de l'homme.

La teste	Aggourzy.
Le front	Hetguenyascon.
Les yeux	Hegata.
Les oreilles	Ahontascon.
La bouche	Escahe.
Les dents	Esgougay.
La langûe	Osuache.
La gorge	Agouhon.
Le menton	Hebehin.
Le visage	Hogouascon.
Les cheueux	Aganiscon.
Les bras	Aiayascon.
Les esselles	Hetnanda.
Les costez	Aissonne.
L'estomach	Aggruascon.
Le ventre	Eschehenda.
Les cuisses	Hetnegradascon.
Le genouil	Agochinegodasion.
Les iambes	Agouguenehonde.
Les pieds	Onchidascon.
Les mains	Aignoascon.
Les doigts	Agenoga

Les ongles	Agedascon.
Le vit	Aynoascon.
Vn con	Chastaigne.
Vn homme	Aguehan.
Vne femme	Agrueste.
Vn garson	Addegesta.
Vne fille	Agnyaquesta.
Vn petit enfant	Exiasta.
Vne robe	Cabata.
Vn pourpoint	Coioza.
Des chausses	Henondoua.
Des souliers	Atha.
Des chemises	Anigoua.
Vn bonnet	Castrua.
Ils appellent leur bled	Osizy.
Pain	Carraconny.
Eauë	Ame.
Chair	Quahouascon.
Poisson	Queion.
Prunes	Honnesta.
Figues	Absconda.
Raisins	Ozaha.
Noix	Quaheya
Vne poulle	Sahomgahoa.
Vne lamproye	Zysto.
Vn saumon	Ondaccon.

Vne balaine	Ainnehonne.
Vne anguille	Esgneny.
Vn escureul	Caiognem.
Vne couleuure	Vndeguezy.
Des tortues	Heleuxime.
Ils appellent le bois	Conda.
Feuilles de bois	Hoga.
Ils appellent leur Dieu	Cudragny.
Donnez moy à boire	Quazahoa quea.
Donnez moy à desiuner	Quazahoa quascahoa.
Donnez moy à souper	Quazahoa quatfream.
Allons nous coucher	Casigno Agnydahoa.
Bon-iour	Aignaz.
Allons ioüer	Casigno Caudy.
Venez parler à moy	Asigni quaddadia.
Regardez moy	Quatgathoma.
Taisez vous	Aista.
Allons au basteau	Quasigno Casnouy.
Donnez moy vn cousteau	Quazahoa agoheda
Vn hachot	Addogne.
Vn arc	Ahena.

Vne fleche	Quahetam.
Allons à la chasse	Quasigno donas-sent.
Vn cerf	Aionnesta.
De dains, ils disent que ce sont moutons, et les appellent	Asquenondo.
Vn lieure	Sourhamda.
Vn chien	Agayo.
Des oyes	Sadeguenda.
Le chemin	Adde.
Ils appellent la graine de Concombres ou Melons	Casconda.
Quand ils veulent dire demain, ils disent	Achide.
Le ciel	Quenhia.
La terre	Damga.
Le soleil	Ysnay.
La lune	Assomaha.
Les estoilles	Siguehoham.
Le vent	Cahoha.
La mer.	Agogasy.
Les vagues de la mer	Coda.
Vne isle	Cohena.
Vne montagne	Ogacha.
La glace	Honnesca.
La neige	Canisa.

Froid	Athau.
Chaut	Odazan.
Feu	Azista.
Fumee	Quea.
Vne maison	Canocha.
Ils appellent leurs feues	Sahe.
Ils appellent vne ville	Canada.
Mon pere	Addathy.
Ma mere	Adanahoe.
Mon frere	Addagnin.
Ma sœur	Adhoasseuc.

Ceux de Canadas disent qu'il faut une lune a nauiger depuis Hochelaga, iusques à vne terre où se prend la canelle et la girofle.

Ils appellent la canelle	Adhotathny.
Le girofle	Canonotha.

F I N.

Extraict du Priuilege.

*N*ous avons permis à Raphaël du petit Val, Libraire et Imprimeur du Roy en ceste ville de Rouen, d'imprimer un Discours du voyage fait par le Cappitaine Iaques Cartier aux terres neufues de Canadas, Norembergue, dite nouuelle France. *Et defences sont faites à tous autres Libraires et Imprimeurs de cestedite ville, d'imprimer ne faire imprimer ledit voyage, sur peine de confiscation et d'amende arbitraire, despens, dommages et interests. Et ce pour le terme de quatre ans. Fait ce iourd'huy cinquiéme iour de Iuin, mil cinq cens quatre vingts dixhuit.*

Signé, *CAVELIER.*

DISCOVRS

DV VOYAGE FAIT

PAR LE CAPITAINE IACQVES

Cartier en la terre-Neufue de Canadas
dite nouuelle France, en l'an mil
cinq cens trente quatre.

Comme Messire Charles de Mouy Che-
valier, partit auec deux Nauires de
S. Malo, et comme il arriua en la terre-
Neufue appelee la Françoise, et entra
au port de Bonne-veuë.

APRES que Messire Charles de
Mouy, sieur de la Meilleraye, et
Visadmiral de France eut fait
iurer les Cappitaines, Maistres
et compagnons des Nauires, de bien et
fidellement se comporter au seruice du
Roy tres-chrestien, sous la charge du Capitaine Iacques Cartier; Nous partismes le

2

xx. d'Auril en l'an M.D.XXXIIII. du port
de S. Malo auec deux nauires de charge
chacun d'environ soixante tonneaux, et
armé de soixante et un homme : Et nauigasmes auec tel heur que le x. de May
nous arriuasmes à la terre-Neufue, en laquelle nous entrasmes par le Cap de
Bonne-veuë, lequel est au xxviii. degré et
demy de latitude et de longitude   *
Mais pour la grande quantité de glace qui
estoit le long de ceste terre, il nous fust
besoin d'entrer en vn port que nous nommasmes de S. Catherine distant cinq lieuës
du port susdit vers le Su-Suest, là nous y
arrestames dix iours attendans la commodité du temps, et cependant nous equi-
pasmes et appareillasmes nos barques.

*Comme nous arriuasmes en l'Isle des
  Oiseaux, et de la grande quantité d'oiseaux qui s'y trouuent.*

Le xxi. de May fismes velle ayans vent
d'Ouest, et tirasmes vers le Nord depuis
le Cap de Bonne-veuë iusques à l'Isle des
Oyseaux, laquelle estoit entierement enui-

ronnée de glace, qui toutesfois estoit rom-
pue et diuisée en pieces, mais nonobstant
ceste glace nos barques ne laisserent d'y aller pour auoir des oyseaux, desquels y a
si grand nombre que c'est chose incroyable
à qui ne le void, parce combien que ceste
Isle, laquelle peut auoir vne lieuë de circuit,
en soit si plaine, qu'il semble qu'ils y soyent
expressément apportez et presque comme
semez : Neantmoins il y en a cent fois plus
à l'entour d'icelle, et en l'air que dedans,
desquels les vns sont grands comme Pies,
noirs et blancs, ayans le bec de corbeau,
ils sont tousiours en mer, et ne peuuent voler haut, d'autant que leurs aisles sont petites, point plus grandes que la moitié de la
main, auec lesquelles toutefois ils volent
auec telle vitesse à fleur d'eau que les autres oiseaux en l'air, ils sont excessiuement
gras, et estoyent appelez par ceux du pays
Apponath, desquels nos deux barques se
chargerent en moins de demi-heure,
comme l'on auroit peu faire de cailloux, de
sorte qu'en chasque nauire nous en fismes
saler quatre ou cinq tonneaux, sans ceux
que nous mangeames frais.

De deux especes d'oiseaux l'vne appellee Godets, l'autre Margaux, et comme nous arriuasmes à Carpunt.

En outre il y a vne autre espece d'oiseaux qui volent haut en l'air, et à fleur de l'eau, lesquels sont plus petits que les autres, et sont appellez Godets, ils s'assemblent ordinairement en ceste Isle, et se cachent sous les aisles des grands. Il y en a aussi d'vne autre sorte, mais plus grands et blancs, separez des autres en vn canton de  l'Isle, et sont tres-difficiles a prendre, parce qu'ils mordent comme chiens, et les appelloyent Margaux : Et bien que ceste Isle soit distante quatorze lieuës de la grande terre, neantmoins les Ours y viennent à nage, pour y manger de ces oiseaux, et les nostres y en trouuerent vn grand comme une Vache, blanc comme vn Cygne, lequel sauta en mer devant eux, et le lendemain de Pasques qui estoit en May, voyageans vers la terre, nous le trouuasmes à moitié chemin nageant vers icelle, aussi viste que nous qui allions à la velle, mais l'ayans

apperçeu luy donnasmes la chasse par le
moyen de nos barques, et le prismes par
force : sa chair estoit aussi bonne et
delicate à manger que celle d'vn Bou-
ueau. Le Mercredy ensuyuant qui estoit
xxvii. dudit mois de May, nous arriuasmes
à la bouche du golfe des Chasteaux, mais
pour la contrarieté du temps, et à cause de
la grande quantité de glace il nous fallust
entrer en vn port qui estoit aux enuirons
de ceste emboucheure, nommé Carpunt,
auquel nous demeurasmes sans pouvoir
sortir, iusques au ix. de Iuin, que nous
partismes delà pour passer outre ce lieu
de Carpunt, lequel est au li. degré de latitude.

Description de la terre Neufue depuis le Cap Rasé iusques à celuy de Degrad.

La terre depuis le Cap Rasé iusques à
celuy de Degrad fait la pointe de l'entrée
du golfe qui regarde de Cap à Cap vers
l'Est, Nord, et Su, toute ceste partie de
terre est faite d'Isles situees l'vne aupres de
l'autre, si qu'entre icelles n'y a que comme

petits fleuues, par lesquels lon peut aller et passer auec petits bateaux, et là y a beaucoup de bons ports, entre lesquels sont ceux de Carpunt, et Degrad. En l'vne de ces Isles la plus haute de toutes, l'on peut estant debout clairement voir les deux Isles basses pres le Cap Rasé, duquel lieu l'on conte vingt-cinq lieuës iusques au port de Carpunt, et là y a deux entrees l'vne du costé d'Est, l'autre du Su, mais il faut prendre garde du costé d'Est, parce qu'on n'y void que bancs et eaux basses, et faut aller à l'entour de l'Isle vers Ouest la longueur d'vn demy cable ou peu moins qui veut, puis tirer vers le Su, pour aller au susdit Carpunt, et aussi l'on se doit garder de trois bancs qui sont sous l'eau, et dans le canal, et vers l'Isle du costé d'Est, y a fond au canal de trois ou quatre brasses, l'autre entree regarde l'Est, et vers l'Ouest l'on peut mettre pied à terre.

De l'Isle nommee a present de S. Catherine.

QVITTANT la pointe de Degrad, a l'entree

du golfe susdit, à la volte d'Ouest, l'on doute
de deux Isles qui restent au costé droit,
desquelles l'vne est distante trois lieuës de
la pointe susdite, et l'autre sept ou plus ou
moins de la premiere, laquelle est vne terre
plate et basse, et semble qu'elle soit de la
grande terre. J'appellay ceste Isle du nom
de S. Catherine en laquelle vers Est, y
a vn pays sec et mauuais terroir enuiron vn cart de lieuë, pour ce est-il besoin
faire vn peu de circuit, en ceste Isle est le
port des Chasteaux qui regardent vers le
Nord-Nordest et le Su-Surouest, et y a
distance de l'vn à l'autre viron quinze
lieuës. Du susdit port des Chasteaux, iusques au port des Gouttes qui est la terre
du Nord du golfe susdit qui regarde l'Est;
Nordest, et l'Ouest; Surouest, y a distance
de douze lieuës et demie, et est à deux
lieuës du port des Balances et se trouue
qu'en la tierce partie du trauers de ce golfe
y a trente brasses de fond à plomb. Et de
ce port des Balances iusques au Blanc-
sablon y a vingt-cinq lieuës vers l'Ouest,
Surouest. Et faut remarquer que du costé
du Surouest de Blanc-sablon l'on void par

trois lieuës, vn banc qui paroist dessus
l'eau ressemblant à vn bateau.

Du lieu nommé Blanc-sablon, de l'Isle de
Brest, et de l'Isle des Oiseaux, la sorte
et quantité de ceux qui s'y trouuent, et
du port nommé les Islettes.

BLANC-SABLON est vn lieu où n'y a aucun
abry, du Su ny du Suest, mais vers le
Su-Surouest de ce lieu, y a deux Isles l'vne
desquelles est appellee l'Isle de Brest, et
l'autre l'Isle des Oiseaux, en laquelle y a
grande quantité de Godets et Corbeaux qui
ont le bec et les pieds rouges, et font leurs
nids en des trous sous terre comme con-
nils. Passé un Cap de terre distant une
lieuë de Blanc-sablon, l'on trouue vn port
et passage appellé les Islettes, qui est le
meilleur lieu de Blanc-sablon, et où la pescherie est fort grande. De ce lieu des Islettes iusques au port de Brest y a dix
lieuës de circuit : et ce port est au cinquante et vniéme degré cinquante cinq mi-
nutes de latitude et de longitude   *
Depuis les Islettes iusques à ce lieu y a plu-

sieurs Isles, et le port de Brest est mesmes
entre les Isles, lesquelles l'enuironnent de
plus de trois lieuës, et les Isles sont basses,
tellement que l'on peut voir par dessus
icelles les terres susdites.

*Comme nous entrasmes au port de Brest,
et comme tirans outre vers Ouest, passasmes au milieu des Isles, lesquelles
sont en si grand nombre qu'il n'est possible de les conter.*

Le x. du susdit mois de Iuin, entrasmes
dans le port de Brest pour auoir de l'eau,
et du bois, et pour nous apprester de passer outre ce golfe : Le iour de S. Barnabé
apres avoir ouy la Messe, nous tirasmes
outre ce port vers Ouest, pour descouurir
les ports qui y pouuoyent estre. Nous passasmes par le milieu des Isles, lesquelles
sont en si grand nombre qu'il n'est possible
de les conter, parce qu'ils continuent dix
lieuës outre ce port : Nous demeurasmes
en l'vne d'icelles pour y passer la nuict, et
y trouuasmes grande quantité d'œufs de
Canes, et d'autres oyseaux qui y font leurs

nids, et les appellasmes toutes en general,
les Isles.

Des ports de S. Anthoine, de S. Seruain,
  de Iacques Cartier, du fleuue appellé de
  S. Iacques, des coustumes et vestemens
  des habitans, et de l'Isle de Blanc-sa-
  blon.

Le lendemain nous passasmes outre ces
Isles, et au bout d'icelles trouuasmes vn
bon port, que nous appellasmes de S. Anthoine : et vne ou deux lieuës plus outre
descouurismes vn petit fleuue fort profond
vers le Surouest, lequel est entre deux autres terres, et y a là vn bon port. nous y
plantasmes vne croix, et l'appellasmes le
port S. Seruain : et du costé du Surouest
de ce port et fleuve se trouue à viron vne
lieuë vne petite Isle ronde comme vn four-
neau, enuironnee de beaucoup d'autres
petites, lesquelles donnent la cognoissance
de ces ports. Plus outre à deux lieuës, y a
vn autre bon fleuue plus grand, auquel
nous peschasmes beaucoup de Saumons,
et l'appellasmes le fleuue de S. Iacques :

Estans en ce fleuue nous aduisasmes une grande Nave qui estoit de la Rochelle, laquelle auoit la nuict precedente passé outre le port de Brest, où ils pensoyent aller pour pescher, mais les Mariniers ne sçauoyent où estoit le lieu. Nous nous accostames d'eux, et nous mismes ensemble en vn autre port, qui est plus vers Ouest, viron une lieüe plus outre que le susdit fleuue de S. Iacques, lequel i'estime estre vn des meilleurs ports du monde, et fut appellé le port de Iacques Cartier. Si la terre correspondoit à la bonté des ports, ce seroit vn grand bien, mais on ne la doit point appeller terre, ains plustost cailloux et rochers sauuages, et lieux propres aux bestes farouches : D'autant qu'en toute la terre deuers le Nord, ie n'y vis pas tant de terre, qu'il en pourroit en vn benneau : et là toutesfois ie descendy en plusieurs lieux : et en l'Isle de Blanc-sablon n'y autre chose que mousse, et petites espines et buissons çà et là sechez et demy morts. Et en somme ie pense que ceste terre est celle que Dieu donna à Cain : là on y void des hommes de belle taille et

grandeur, mais indomptez et sauuages : Ils
portent les cheueux liez au sommet de la
teste, et estreins comme vne poignee de
foin, y mettans au trauers vn petit bois ou
autre chose au lieu de clou : et y tient ensemble quelques plumes d'oiseaux. Ils vont
vestus de peaux d'animaux, aussi bien les
hommes que les femmes, lesquelles sont
toutefois plus recluses et renfermees en
leurs habits, et ceintes par le milieu du
corps, ce que ne sont pas les hommes : ils
se peignent auec certaines couleurs rouges.
Ils ont leurs barques faites d'escorce d'arbre
de Boul, qui est vn arbre ainsi appellé au
pays, semblable à nos chesnes, auec lesquelles ils peschent grande quantité de
Loups-marins : Et depuis mon retour, i'ay
entendu, qu'ils ne faisoyent pas là leur demeure, mais qu'ils y viennent de pays plus
chauds par terre, pour prendre de ces
Loups, et autres choses pour viure.

De quelques Promontoires, à sçauoir du Cap-double, du Cap-pointu, Cap-Royal, Cap-de-laict, des montagnes des Cabannes, des Isles Colombaires, et d'vne grande pescherie de Morües.

Le treziéme iour dudit mois, nous retournasmes à nos Nauires, pour faire velle, pource que le temps estoit beau, et le Dimenche fismes dire la messe : Le Lundy suyuant qui estoit le xv. partismes outre le port de Brest, et prismes nostre chemin vers le Su, pour auoir cognoissance des terres que nous auions apperçeuës, qui sembloyent faire deux Isles. Mais quand nous fusmes enuiron le milieu du golfe, cognusmes que c'estoit terre ferme, où estoit vn gros Cap double l'vn dessus l'autre, et à cette occasion l'appellames Cap-double. Au commencement du golfe nous sondasmes le fond, et le trouuasmes de cent brasses de tous costez. De Brest au Cap-double y a distance d'enuiron vingt lieuës, et à cinq ou six lieuës delà nous sondasmes aussi le fond, et le trouvasmes de quarante brasses. Ceste terre regarde le Nordest, Surouest.

Le iour ensuyuant qui estoit le saiziéme de
ce mois, nous nauigasmes le long de la
coste par Surouest et quart de Su, enuiron
trente cinq lieuës loin du Cap-double, et
trouuasmes des montagnes treshautes et
sauuages, entre lesquelles l'on voyait ie
ne sçay quelles petites cabannes et pour
ce les appellasmes les montagnes des Cabannes : les autres terres, et montagnes
sont taillees, rompues, et entrecoupees, et
entre icelles et la mer, y en a d'autres
basses. Le iour precedent pour le grand
brouillas et obscurité du temps, nous ne
peusmes auoir cognoissance d'aucune
terre, mais le soir il nous apparut vne ou-
uerture de terre ressemblante à vne emboucheure de riuiere, qui estoit entre ces
monts des Cabannes, Et y auoit là vn Cap
vers Surouest esloigné de nous viron trois
lieuës, et ce Cap en son sommet est sans
pointe tout à l'entour, et en bas vers la mer
il finist en pointe, et pour ce il fust appellé le
Cap-pointu. Du costé du Nort de ce Cap, y
a vne Isle plate. Et d'autant que nous desirions auoir cognoissance de ceste emboucheure pour voir s'il y auoit quelque bon

port, nous mismes la velle bas pour y passer la nuict. Le iour suyuant qui estoit le
xvij. dudit mois, nous courusmes fortune
à cause du vent de Nordest, et fusmes
contrains mettre la cauque souris et la
cappe, et cheminasmes vers Surouest iusques au Ieudy matin, et fismes enuiron
xxxvij. lieuës : et nous nous trouuasmes
au trauers d'vn Golfe plain d'Isles rondes
comme Colombiers, et pour ce leur donnasmes le nom de Colombaires. Le golfe
S. Iulian est distant sept lieuës d'vn Cap
nommé Royal, qui reste vers Su et vn
quart de Surouest. Et vers l'Ouest, Surouest de ce Cap, y en a vn autre, lequel
au dessous est tout entrerompu, et est
rond au dessus. Du costé du Nort y a vne
Isle basse à viron demi-lieuë : et ce Cap
fut appellé le Cap de Laict. Entre ces deux
Caps y a de certaines terres, sur lesquelles
y en a encores d'autres, qui demonstre bien
qu'il y doit auoir des fleuues. A deux lieuës
du Cap Royal, l'on y trouue fond de vingt
brasses, et y a la plus grande pescherie de
grosses Morues qu'il est possible de voir,
desquelles nous en prismes plus de cent en

moins d'vne heure, en attendans la compagnie.

De quelques Isles entre le Cap-Royal et le Cap de Laict.

Le lendemain qui estoit le xviij. du mois le vent deuint contraire et fort impetueux, en sorte qu'il nous fallut retourner vers le Cap-Royal, pensans y trouuer port : et auec nos barques allasmes descouvrir ce qui estoit entre le Cap-Royal, et le Cap de Laict : et trouuasmes que sur les terres basses y a un grand golfe tres-profond, dans lequel y a quelques Isles, et ce golfe est clos et fermé du costé du Su. Ces terres basses font vn des costez de l'entree, et le Cap-Royal est de l'autre costé, et s'auancent lesdites terres basses plus de demi-lieuë dans la mer. Le pays est plat, et consiste en mauuaise terre : et par le milieu de l'entree y a une Isle. Ce golfe est au quarante-huictiéme degré et demy de latitude, et de longitude,   *   et en ce iour nous ne trouuasmes point de port : et pour ce la nuict nous retirasmes en mer, apres auoir tourné le Cap à l'Ouest.

De l'Isle Sainct Iean.

DEPUIS ledit iour iusques au xxiiij. du mois qui estoit la feste de S. Iean fusmes batus de la tempeste et du vent contraire : et suruint telle obscurité que nous ne peusmes auoir cognoissance d'aucune terre iusques audit iour S. Iean que nous descouurismes vn Cap qui restoit vers Surouest, distant du Cap-Royal viron trente cinq lieuës : mais en ce iour le brouillas fut si espais et le temps si mauuais que nous ne peusmes approcher de terre. Et d'autant qu'en ce iour l'on celebroit la feste de S. Iean Baptiste, nous le nommasmes Cap de S. Iean.

Des Isles de Margaux, et des espèces d'oiseaux et animaux qui s'y trouuent, de l'Isle de Brion, et du Cap du Dauphin.

LE lendemain qui estoit le xxv. le temps fut encores fascheux, obscur, et venteux, et nauigasmes vne partie du iour vers

Ouest, et Norouest, et le soir nous prismes
le trauers iusques au second quart que
nous partismes de là, et pour lors nous
cogneusmes par le moyen de nostre qua-
dran que nous estions vers Norouest, et
vn quart d'Ouest, esloignez de sept lieuës
et demie du Cap S. Iean, et comme nous
voulumes faire velle, le vent commença a
souffler de Norouest, et pour ce tirasmes
vers Suest quinze lieuës, et approchasmes
de trois Isles, desquelles y en auoit deux petites droites comme vn mur, en sorte qu'il
estoit impossible d'y monter dessus, et
entre icelles y a vn petit escueil. Ces Isles
estoyent plus remplies d'oiseaux que ne seroit vn pré d'herbe, lesquels faisoyent là
leurs nids, et en la plusgrande de ces Isles
y en auoit vn monde de ceux que nous ap-
pellions Margaux qui sont blancs et plus
grands qu'oysons, et estoyent separez en
vn canton, et en l'autre part y auoit des
Godets, mais sur le riuage y auoit de ces
Godets et grands Apponats semblables à
ceux de ceste Isle dont nous auons fait
mention. Nous descendismes au plus bas
de la plus petite et tuasmes plus de mille

Godets et Apponats, et en mismes tant que
voullusmes en nos barques et en eussions
peu en moins d'vne heure remplir trente
semblables barques. Ces Isles furent appel-
lees du nom de Margaux, à cinq lieuës de
ces Isles y auoit vne autre Isle du costé
d'Ouest qui a viron deux lieuës de lon-
güeur et autant de largeur, là nous passasmes la nuict pour auoir de l'eau et du bois.
Ceste Isle est enuironnee de sablon, et
autour d'icelle y a vne bonne source de six
ou sept brasses de fond. Ces Isles sont de
meilleure terre que nous eussions oncques
veuë, en sorte qu'vn champ d'icelle vaut
plus que toute la terre Neufue, nous la trouuasmes plaine de grands arbres, de prairies, de campagnes plaines de froment sauuage, et de poix qui estoyent fleuris aussi
espais et beaux comme l'on eust peu voir
en Bretagne, qui sembloyent auoir esté semez par des Laboureurs, l'on y voyoit
aussi grande quantité de raisin ayant la
fleur blanche dessus, des fraises, roses in-
carnates, persil, et d'autres herbes de
bonne et forte odeur. A l'entour de ceste
Isle y a plusieurs grandes bestes comme

grands bœufs, qui ont deux dents en la
bouche comme d'vn Elephant, et viuent
mesmes en la mer, nous en vismes vne qui
dormoit sur le riuage, et allasmes vers elle
auec nos barques pensans la prendre, mais
aussi tost qu'elle nous ouyt elle se ietta en
mer, nous y vismes semblablement des
Ours et des Loups. Ceste Isle fut appelee
l'Isle de Brion, en son contour y a de
grands marais vers Suest et Norouest, ie
croy par ce que i'ay peu comprendre, qu'il
y ait quelque passage entre la terre-Neufue et la terre de Brion, S'il estoit ainsi ce
seroit pour raccourcir et le temps et le
chemin pourueu que l'on peust trouuer
quelque perfection en ce voyage. A quatre lieuës de ceste Isle est la terre ferme
vers Ouest-Surouest, laquelle semble estre
comme une Isle enuironnee d'Islettes de
sable noir, là y a vn beau Cap que nous
appellasmes le Cap-Dauphin, pource que
là est le commencement des bonnes terres.
Le xxvii. de Iuin nous circuismes ces
terres qui regardent vers Ouest-Surouest,
et paroissent de loin comme collines ou
montagnes de sablon, bien que ce soyent

terres basses et de peu de fond, nous n'y peusmes aller et moins y descendre d'autant que le vent nous estoit contraire, et ce iour nous fismes quinze lieuës.

De l'Isle d'Alezay et du Cap S. Pierre.

Le lendemain allasmes le long desdites terres viron dix lieuës iusques à vn Cap de terre rouge qui est roide et coupé comme vn roc, dans lequel on void vn entredeux qui est vers le Nord, et est un pays fort bas, et y a aussi comme vne petite plaine entre la mer et vn estang, et de ce Cap de terre et estang iusques à vn autre Cap qui paroissoit, y a viron quatorze lieuës, et la terre se fait en façon d'vn demy cercle tout enuironné de sablon comme vne fosse sur laquelle lon void des marais et estangs aussi loin que se peut estendre l'œil. Et auant qu'arriuer au premier Cap l'on trouue deux petites Isles assez près de terre, à cinq lieuës du second Cap y a vne Isle vers Surouest, qui est treshaute et pointue laquelle fut nommee Alezay, le premier Cap fut appelé de S. Pierre, par ce

que nous y arriuasmes au iour et feste dudit sainct.

Du Cap d'Orleans, du fleuῠe des Barques, du Cap des Sauuages, et de la qualité et temperature de ces pays.

Depuis l'Isle de Brion iusques en ce lieu
y a bon fond de sablon, et ayans sondé
esgalement vers Surouest iusques a approcher de cinq lieuës de terre nous trouuasmes vingt-cinq brasses, et à vne lieuë
pres, douze brasses, et pres du bord six
plus que moins et bon fond. Mais parce
que nous voulions avoir plus grande cognoissance de ces fonds pierreux plains de
roches, mismes les velles bas et de trauers. Et le lendemain penultiéme du mois
le vent vint du Su et quart de Surouest, allasmes vers Ouest iusques au Mardy matin dernier iour du mois, sans cognoistre et
moins descouurir aucune terre, excepté
que vers le soir nous apperçeusmes vne
terre qui sembloit faire deux Isles qui de-
meuroit derriere nous vers Ouest et Surouest à viron neuf ou dix lieuës. Et ce iour

allasmes vers Ouest iusques au lendemain
leuer du Soleil quelque quarante lieuës :
Et faisant ce chemin cogneusmes que ceste
terre qui nous estoit apparue comme
deux Isles estoit là terre ferme situee au
Su-Surouest et Nort-Norouest iusques à
vn tresbeau Cap de terre nommé le Cap
d'Orleans. Toute ceste terre est basse et
plate, et la plus belle qu'il est possible de
voir, plaine de beaux arbres et prairies, il
est vray que nous n'y peusmes trouuer de
port, parce qu'elle est entierement plaine
de bancs et sables. Nous descendismes en
plusieurs lieux auec nos barques, et entre
autres nous entrasmes dans vn beau fleuue
de peu de fond, et pource fut appellé le
fleuue des barques : d'autant que nous y
vismes quelques barques d'hommes sauuages qui trauersoyent le fleuue, et n'eusmes autre cognoissance de ces sauuages,
parce que le vent venoit de mer et char-
geoit la coste, si bien qu'il nous fallust retirer vers nos nauires. Nous allasmes vers
Nordest iusques au leuer du soleil du l'endemain premier de Iuillet, auquel temps
s'esleua vn brouillas et tempeste à cause

dequoy nous abbaissasmes les velles, iusques à viron deux heures auant midy, que
le temps se fist clair, et que nous apperçeusmes le Cap d'Orleans, auec vn autre
qui en estoit esloigné de sept lieuës vers le
Nord vn quart de Nordest qui fust appellé
Cap des Sauuages : Du costé du Nordest
de ce Cap à viron demi-lieuë y a un banc
de pierre tres-perilleux. Pendant que nous
estions pres de ce Cap, nous apperçeusmes vn homme qui couroit derriere nos
barques qui alloyent le long de la coste, et
nous faisoit plusieurs signes que deuions
retourner vers ce Cap. Nous voyans tels
signes commençasmes à tirer vers luy,
mais nous voyans venir, se mist à fuir,
estans descendus en terre mismes deuant
luy un cousteau et une ceinture de laine
sur vn baston, ce fait nous retournasmes à
nos nauires. Ce jour nous allasmes tour-
noyans ceste terre neuf à dix lieuës cui-
dans trouuer quelque bon port, ce qui ne
fut possible d'autant que comme i'ay desia
dit toute ceste terre est basse, et est un
pays enuironné de bancs et sablon. Neantmoins nous descendismes ce iour en qua-

tre lieux pour voir les arbres qui y estoyent
tres-beaux, et de grande odeur, et trouuasmes que c'estoyent Cedres, Yfs, Pins, Or-
meaux, Blancs, Fresnes, Saulx, et plusieurs autres à nous incogneus, tous neantmoins sans fruit. Les terres où il n'y a point
de bois sont tresbelles et toutes plaines de
poids, de raisin blanc et rouge ayant la fleur
blanche dessus, des fraizes, meures, froment sauuage comme seigle qui semble y
auoir esté semé et labouré, et ceste terre est
de meilleure temperature qu'aucune qui se
puisse voir et de grande chaleur, l'on y
voit vne infinité de griues, ramiers et autres oiseaux, en somme il n'y a faute d'autre chose que de bons ports.

*Du golfe nommé de S. Lunaire et autres
golfes notables et Caps de terre et de la
qualité et bonté de ces pays.*

Le lendemain second de Iuillet nous
descouurismes et apperçeusmes la terre
du costé du Nord à nostre opposite laquelle se ioignoit auec celle cy deuant dite,
apres que nous l'eusmes circuite tout au-

tour, trouuasmes qu'elle contenoit en ron-
deur *   de profond et autant de dia-
metre. Nous l'appellasmes le golfe S. Lunaire, et allasmes au Cap avec nos barques
vers le Nord, et trouuasmes le pays si bas
que par l'espace d'vne lieuë il n'y auoit
qu'vne brasse d'eau. Du costé vers Nordest du Cap susdit viron sept ou huit lieuës
y auoit vn autre Cap de terre, au milieu
desquels est vn golfe en forme de triangle
qui a tresgrand fond de tant que pouuions
estendre la veuë d'iceluy, il restoit vers
Nordest. Ce golfe est enuironné de sablons
et lieux bas par dix lieuës, et n'y a plus de
deux brasses de fond. Depuis ce Cap iusques à la riue de l'autre Cap de terre y a
quinze lieuës. Estans au trauers de ces
Caps, descouurismes vne autre terre et
Cap qui restoit au Nord vn quart de
Nordest pour tant que nous pouuions
voir, toute la nuict le temps fust fort mauuais et venteux, si bien qu'il nous fust besoin mettre la Cappe de la velle iusques au
l'endemain matin iij. de Iuillet que le vent
vint d'Ouest, et fusmes portez vers le Nord
pour cognoistre ceste terre qui nous res-

toit du costé du Nord et Nordest sur les
terres basses, entre lesquelles basses et
hautes terres, estoit vn grand golfe et ou-
uerture de cinquante cinq brasses de fond
en quelques lieux, et large viron quinze
lieuës, pour la grande profondité et largeur et changement des terres eusmes
esperance de pouuoir trouuer passage
comme le passage des Chasteaux : Ce
golfe regarde vers l'Est-Nordest, Ouest-
Surouest. Le terroir qui est du costé du Su
de ce golfe, est aussi bon et beau à culti-
uer et plain de belles campagnes et prairies
que nous ayons veu, tout plat comme seroit vn lac, et celuy qui est vers le Nord
est vn pays haut auec montagnes hautes
plaines de forests, et de bois treshauts et
gros de diuerses sortes. Entre autres y a
de tresbeaux Cedres et Sapins autant qu'il
est possible de voir, et bons à faire Mats
de Nauire de plus de trois cens tonneaux
et ne vismes aucun lieu qui ne fut plain de
ces bois, excepté en deux places que le
pays estoit bas plain de prairies auec deux
tresbeaux lacs, le mitan de ce golfe est au
xlvij. degré et demy de latitude.

*Du Cap d'Esperance et du lieu S. Martin,
et comme ces barques d'hommes sauuages approchez de notre barque et ne
se voulans retirer, furent espouuantez de
quelques coups de passe-volans et de nos
dards, et comme ils s'enfuirent à grand
haste.*

Lᴇ Cap de ceste terre du Su fut appelee
Cap d'Esperance, pour l'esperance que
nous auions d'y trouuer passage. Le qua-
trieme iour de Iuillet allasmes le long de
ceste terre du costé du Nord pour trouuer
port, et entrasmes en vn petit port et lieu
tout ouuert vers le Su où n'y a aucun abry
pour ce vent, et trouuasmes bon de l'appe-
ler le lieu S. Martin, et demeurasmes là
depuis le iiij. de Iuillet iusques au xij. Et
pendant le temps que nous estions en ce
lieu allasmes le Lundy sixiéme de ce mois
apres auoir oy la Messe auec vne de nos
barques pour descouurir vn Cap et pointe
de terre, qui en estoit esloigné sept ou huit
lieuës du costé d'Ouest, pour voir de quel
costé se tournoit ceste terre, et estans à

demi-lieuë de la pointe apperçeusmes deux
bandes de barques d'hommes sauuages qui
passoyent d'vne terre à l'autre, et estoyent
plus de quarante ou cinquante barques
desquelles vne partie approcha de ceste
pointe, et sauta en terre vn grand nombre
de ces gens faisans grand bruit et nous faisoyent signe qu'allassions à terre monstrans des peaux sur quelques bois, mais
d'autant que n'auions qu'vne seule barque
nous n'y voulusmes aller, et nauigasmes
vers l'autre bande qui estoit en mer. Eux
nous voyans fuir, ordonnerent deux de
leurs barques les plus grandes pour nous
suyvre, auec lesquelles se ioignirent ensemble cinq autres de celles qui venoyent
du costé de mer, et tous s'approcherent de
nostre barque sautans et faisans signe d'allegresse et de vouloir nostre amité, disans
en leur langue, *Napeu ton damen assur
tah*, et autres paroles que nous n'entendions. Mais parce que comme nous auons
dit, nous n'auions qu'vne seule barque,
nous ne voulusmes nous fier en leurs signes, et leur donnasmes a entendre qu'ils
se retirassent, ce qu'ils ne voulurent faire,

ains venoyent auec si grande furie vers nous qu'aussitost ils enuironnerent nostre barque auec les sept qu'ils auoyent. Et parce que pour signes que nous fissions ils ne se vouloyent retirer, laschasmes deux passe-volans sur eux, dont espouuantez retournerent vers la susdite pointe faisans tres grand bruit, et demeurez là quelque peu, commencerent derechef avenir vers nous comme deuant, en sorte qu'estans approchez de la barque, descochasmes deux de nos dards au milieu d'eux, ce qui les espouuenta tellement qu'ils commencerent à fuir en grand haste, et n'y voulurent oncques plus revenir.

Comme ces sauuages venans vers nos Nauires et les nostres venans vers les leur, descendirent les uns et les autres en terre, et comme ces sauuages se misrent a traffiquer en grande allegresse auec les nostres.

LE lendemain partie de ces sauuages vindrent auec neuf de leurs barques à la pointe et entree du lieu d'où nos Nauires

estoyent partis : Et estans advertis de leur
venue, allasmes avec nos barques à la
pointe où ils estoyent, mais si tost qu'ils
nous visrent ils se misrent en fuite, faisans
signe qu'ils estoyent venus pour traffiquer
auec nous, monstrans des peaux de peu de
valeur, dont ils se vestent. Semblablement
nous leur faisions signe que ne leur voulions point de mal, et en signe de ce deux
des nostres descendirent en terre pour aller
vers eux, et leur porter cousteaux et autres
ferremens auec un chappeau rouge pour
donner à leur Cappitaine. Quoy voyans
descendirent aussi à terre portans de ces
peaux, et commencerent à traffiquer avec
nous, monstrans vne grande et merueil-
leuse allegresse d'auoir de ces ferremens et
autres choses, dansans touiours et faisans
plusieurs ceremonies, et entre autres ils se
iettoyent de l'eau de mer sur leur teste
auec les mains. Si bien qu'ils nous donnerent tout ce qu'ils auoyent ne retenans
rien, de sorte qu'ils leur fallut s'en retourner tous nuds, et nous firent signes qu'ils
retourneroyent le lendemain et qu'ils ap-
porteroyent d'autres peaux.

Comme apres que les nostres eurent en-
uoyé deux hommes en terre auec des
marchandises, vindrent trois cens sau-
uages en grande ioye, de la qualité de
ce pays, de ce qu'il produit, du golfe et
de sa chaleur.

Le Ieudy viij. du mois parce que le vent
n'estoit bon pour sortir hors auec nos Nauires, appareillasmes nos barques pour aller descouurir ce golfe, et courusmes en ce
iour vingt-cinq lieuës dans iceluy. Le lendemain ayans bon temps nauigasmes iusques à midy, auquel temps nous eusmes
cognoissance d'vne grande partie de ce
golfe, et comme sur les terres basses il y
auoit d'autres terres auec hautes montagnes. Mais voyans qu'il n'y auoit point de
passage commençasmes a retourner faisans nostre chemin le long de ceste coste;
et nauigans vismes des sauuages qui estoyent sur le bord d'vn lac qui est sur les
terres basses, lesquels sauuages faisoyent
plusieurs feux. Nous allasmes là et trouuasmes qu'il y auoit vn canal de mer qui

entroit en ce Lac, et mismes nos barques
en l'vn des bords de ce canal, les sauuages
s'approcherent de nous auec vne de leurs
barques et nous apporterent des pieces de
Loups-marins cuites, lesquelles ils misrent
sur des boises, et puis se retirerent nous
donnans a entendre qu'ils nous les don-
noyent. Nous enuoyasmes des hommes en
terre auec des mitaines, couteaux, cha-
pelets et autre marchandises, desquelles
choses ils se resiouyrent infiniment, et
aussi tost vindrent tout à coup au riuage
où nous estions auec leurs barques appor-
tans peaux et autres choses qu'ils auoyent
pour auoir de nos marchandises, et estoyent plus de trois cens tant hommes que
femmes et enfans. Et voyons une partie des
femmes qui ne passerent, lesquelles estoyent
iusques aux genoux dans la mer, sautans
et chantans. Les autres qui auoyent passé
là où nous estions venoyent priuément à
nous frotans leurs bras auec leurs mains,
et apres les haussoyent vers le ciel sautans
et rendans plusieurs signes de resious-
sance, et tellement s'asseurerent auec nous
qu'enfin ils traffiquoyent de main à main

4

de tout ce qu'ils auoyent, en sorte qu'il ne leur resta autre chose que le corps tout nud, parce qu'ils donnerent tout ce qu'ils auoyent qui estoit chose de peu de valeur. Nous cogneusmes que ceste gent se pourroit aisément conuertir à nostre foy, ils vont de lieu en autre, viuans de la pesche, leur pays est plus chaud que n'est l'Espagne, et le plus beau qu'il est possible de voir, tout esgal et vny, et n'y a lieu si petit où il n'y ait des arbres combien que ce soyent sablons, et où il n'y ait du froment sauuage qui a l'espy comme le seigle et le grain comme de l'auoine, et des poids aussi espais comme s'ils auoyent esté semez et cultiuez, du raisin blanc et rouge auec la fleur blanche dessus, des fraises, meures, roses rouges et blanches, et autres fleurs de plaisante douce et agreable odeur. Aussi il y a là beaucoup de belles prairies, et bonnes herbes et lacs où il y a grande abondance de Saumons. Ils appellent vne mittaine en leur langue *Cochi*, et vn couteau *Bacon*. Nous appellasmes ce golfe, golfe de la chaleur.

D'vne autre nation de sauuages, de leurs coustumes et de la maniere tant de leur viure que du vestement.

Estans certains qu'il n'y auoit aucun passage par ce golfe fismes velle, et partismes de ce lieu de S. Martin le Dimanche xij. de Iuillet pour descouvrir outre ce golfe, et allasmes vers Est le long de ceste coste viron xviij. lieuës iusques au Cap du Pré, où nous trouuasmes le flot tres-grand et fort peu de fond, la mer courroucee et tempestueuse, et pource il nous fallust retirer à terre entre le Cap susdit et vne Isle vers Est à viron vne lieuë de ce Cap; et là nous mouillasmes l'ancre pour icelle nuict. Le lendemain matin fismes velle en intention de circuir ceste coste, laquelle est situee vers le Nord et Nordest, mais vn vent suruint si contraire et impetueux qu'il nous fut necessaire retourner au lieu d'où nous estions partis, et là y demeurasmes tout ce iour iusques au lendemain que nous fismes velle, et vinsmes au milieu d'un fleuue esloigné cinq ou six lieuës du

Cap du Pré, et estans au trauers du fleuue
eusmes derechef le vent contraire auec vn
grand brouillas et obscurité, tellement
qu'il nous fallut entrer en ce fleuue le
Mardy xiiij. du mois, et nous y arrestas-
mes à l'entree iusques au saiziéme attendans le bon temps pour pouuoir sortir.
Mais en ce xvi. iour qui estoit le Ieudy, le
vent creut en telle sorte qu'vne de nos Nauires perdit vne ancre, et pource nous fut
besoin passer plus outre en ce fleuue quelque sept ou huit lieuës pour gaigner vn
bon port où il y eust bon fond, lequel nous
auions esté descouurir auec nos barques,
et pour le mauuais temps, tempeste et obscurité qu'il fit demeurasmes en ce port iusques au xxv. sans pouuoir sortir. Cependant
nous vismes vne grande multitude d'hommes sauuages qui peschoyent des tombes,
desquels y a grande quantité, ils estoyent
enuiron quelque quarante barques, et tant
en hommes, femmes, qu'enfants, plus de
deux cens, lesquels apres qu'ils eurent
quelque peu conuersé en terre auec nous,
venoyent priuement au bord de nos Nauires auec leurs barques. Nous leur don-

nions des couteaux, chappelets de verre,
peignes, et autres choses de peu de valeur
dont ils se resiouyssoyent infiniment le-
uant les mains au ciel, chantans et dansans dans leurs barques. Ceux-cy peuuent
estre vrayement appellez sauuages d'autant
qu'il ne se peut trouuer gent plus pauure
au monde, et croy que tous ensemble
n'eussent peu auoir la valeur de cinq sols
excepté leurs barques et rhets. Ils n'ont
qu'vne petite peau pour tout vestement,
auec laquelle ils couurent les parties hon-
teuses du corps auec quelques autres
vieilles peaux dont ils se vestent à la mode
des Ægyptiens. Ils n'ont ny la nature ny le
langage des premiers que nous auions
trouuez. Ils portent la teste entierement
rase horsmis vn floquet de cheueux au plus
haut de la teste, lequel ils laissent croistre
long comme vne queue de cheual qu'ils
lient sur la teste auec des esguillettes de
cuir. Ils n'ont autre demeure que dessous
ces barques lesquelles ils renuersent et
s'estendent sous icelles sur la terre sans
aucune couuerture. Ils mangent la chair
presque crüe et la chauffent seullement le

moins du monde sur les charbons, le
mesme est du poisson. Nous allasmes le
iour de la Magdaleine auec nos barques
au lieu où ils estoyent sur le bord du
fleuue, et descendismes librement au milieu d'eux, dont ils se resiouyrent beaucoup, et tous les hommes se misrent a
chanter et danser en deux ou trois bandes,
faisans grands signes de ioye pour nostre
venuë. Ils auoyent fait fuir les ieunes femmes dans le bois horsmis deux ou trois qui
estoyent restees auec eux, à chacune desquelles donnassent vn peigne, et vne clo-
chette d'estain, dont ils se resiouyrent
beaucoup, remercians le Capitaine et luy
frottans les bras et la poitrine auec leurs
propres mains. Les hommes voyans que
nous auions fait quelques presens à celles
qui estoyent restees, firent venir celles qui
s'estoyent refugiees au bois, afin qu'ils
eussent quelque chose comme les autres,
elles estoyent enuiron vingt femmes lesquelles toutes en vn monceau se mirent
sur ce Capitaine, le touchans et frottans
auec les mains selon leur coustume de ca-
resser, et donna à chacune d'icelle vne clo-

chette d'estain de peu de valeur, et incontinent commencerent à danser ensemble
disans plusieurs chansons. Nous trouvasmes là grande quantité de tombes qu'ils
auoyent prises sur le riuage auec certaines
rhets faites expres pour pescher, d'vn fil
de chanure qui croit en ce pays où ils font
leur demeure ordinaire, pource qu'ils ne
se mettent en mer qu'au temps qui est
bon pour pescher, comme i'ay entendu.
Semblablement croit aussi en ce pays du
mil gros comme poids, pareil à celui qui
croit au Bresil dont ils mangent au lieu de
pain, et en auoyent abondance, et l'appellent en leur langue *Kapaige*. Ils ont aussi des
prunes qu'ils sechent comme nous faisons
pour l'Hyuer et les appellent *Honesta*,
mesmes ont des figues, noix, pommes et
autres fruits, et des febues qu'ils nomment
Sahu, Les noix *Caheya*, Les figues,*
Les pommes *   Si on leur monstroit
quelque chose qu'ils n'ont point et qu'ils
ne pouuoyent sçavoir que c'estoit branlans
la teste, ils disoyent *Nohda*, qui est a dire
qu'ils n'en ont point, et ne sçauent que
c'est. Ils nous monstroyent par signes le

moyen d'accoustrer les choses qu'ils ont et comme ils ont coustume de croistre. Ils ne mangent aucune chose qui soit salee, et sont grands larrons, et desrobent tout ce qu'ils peuuent.

Comme les nostres planterent une grande Croix sur la pointe de l'entree du port, et comme le Capitaine de ces sauuages estant en fin appaisé par vn long pour-parler auec nostre Capitaine, accorda que deux de ses enfans allassent auec luy.

LE xxiiij. du mois fismes faire vne croix haute de trente pieds, et fut faite en la presence de plusieurs d'iceux sur la pointe de l'entree de ce port, au milieu de laquelle mismes vn escusson relevé auec trois fleurs-de-Lys, et dessus estoit escrit en grosses lettres entaillees dans du bois, VIVE LE ROY DE FRANCE. En apres la plantasmes en leur présence sus ladite pointe, et la regardoyent fort, tant lors qu'on la faisoit que quand on la plantoit. Et l'ayans leuee en haut, nous nous agenoüillions tous ayant les mains iointes,

l'adorans à leur veuë, et leur faisions signe
regardans et montrans le ciel, que d'icelle
deppendoit nostre redemption de laquelle
chose ils s'esmerueillerent beaucoup, se
tournans entr'eux, puis regardans ceste
croix. Mais estans retournez en nos Nauires, leur capitaine vint auec vne barque
à nous vestu d'une vieille peau d'Ours noir
auec ses trois fils et vn sien frere, lesquels ne
s'approcherent si pres du bord comme ils
auoyent accoustumé, et y fit vne longue ha-
rengue monstrant ceste croix, et faisans le
signe d'icelle avec deux doigts. Puis il monstroit toute la terre des environs, comme s'il
eust voulu dire qu'elle estoit toute à luy, et
que nous n'y devions planter ceste croix
sans son congé. Sa harangue finie nous
luy monstrasmes vne mittaine feignans de
luy vouloir donner en eschange de sa peau,
à quoy il prit garde et ainsi peu à peu s'ac-
costa du bord de nos Nauires; mais vn de
nos compagnons qui estoit dans le bateau,
mist la main sur sa barque, et à l'instant
sauta dedans avec deux ou trois, et le con-
traignirent aussi tost d'entrer en nos Nauires, dont ils furent tous estonnez. Mais

le Capitaine les asseura qu'ils n'auroyent
aucun mal, leur monstrant grand signe
d'amitié les faisant boire et manger auec
bon accueil. En apres leur donna-on a entendre par signes que ceste croix estoit là
plantee, pour donner quelque marque et
cognoissance pour pouuoir entrer en ce
port, et que nous y voulions retourner en
bref et qu'apporterions des ferremens et
autres choses, et que desirions mener auec
nous deux de ses fils, et qu'en apres nous
retournerions en ce port. Et ainsi nous
fismes vestir à ses fils à chacun vne che-
mise, vn sayon de couleur, et vne toque
rouge, leur mettans aussi à chacun vne
chaisne de laton au col dont ils se conten-
terent fort, et donnerent leurs vieux habits
à ceux qui s'en retournoyent. Puis fismes
present d'vne mittaine à chacun des trois
que nous renuoyames et de quelques couteaux, ce qui leur apporta grande ioye.
Iceux estant retournez à terre, et ayans
raconté les nouuelles aux autres enuiron
sur le midy vindrent à nos Nauires six de
leurs barques ayans chacune cinq ou six
hommes qui venoyent dire adieu à ceux

que nous auions retenus, et leur apporterent du poisson et leur tenoyent plusieurs
parolles que nous n'entendions point, faisans signe qu'ils n'osteroyent point ceste
croix.

Comme estans hors du port susdit chemi-
nans derriere ceste coste allasmes pour
chercher la terre qui est situee vers
Suest et Norouest.

LE lendemain xxv. du mois se leua vn
bon vent, et nous mismes hort du port.
Estant hors du fleuue susdit tirasmes vers
Est-Nordest, d'autant que pres de l'em-
bouchure de ce fleuue, la terre fait vn circuit, et fait vn golfe en forme d'vn demy-
cercle, en sorte que de nos Nauires nous
voyons toute la coste, derriere laquelle
nous cheminasmes, et nous mismes à chercher la terre situee vers Ouest et Norouest,
et y auoit vn autre pareil golfe distant vingt
lieuës dudit fleuue.

Des Caps de S. Louys et de Mommorency,
et de quelques autres terres, et comme
vne de nos barques ayant heurté a vn
escueil, ne laissa de passer outre.

LE Lundy xxvij. au soleil couchant allasmes le long de ceste terre qui est comme nous avons dit situee au Suest et Norouest iusques au Mercredy, auquel iour vismes vn autre Cap où la terre commence a se tourner vers l'Est, et allasmes le long d'icelle quelques xvi. lieuës, et de là ceste terre commence a tourner vers le Nord, et a trois lieuës de ce Cap y a fond de xxiiij. brasses à plomb. Ces terres sont plates, et les plus descouuertes de bois que nous ayons encores peu voir, il y a de belles prairies et campagnes tres-vertes. Ce Cap fut nommé de S. Louys, pource qu'en ce iour l'on celebroit sa feste, et est au xlix. degré et demy de latitude et de longitude *   Le Mercredy matin, nous estions vers l'Est de ce Cap, et allasmes vers Norouest pour approcher de ceste terre, estant presque nuict, et trouuasmes

qu'elle regardoit le Nord et le Su. Depuis
ce Cap de S. Louys iusques à vn autre
nommé le Cap de Mommorency y a quelque xv. lieuës, la terre commence à tourner vers Norouest. Nous voulusmes son-
der le fond a trois lieuës pres de ce Cap :
mais nous ne le peusmes trouuer auec cent
cinquante brasses, et pource allasmes le
long de ceste terre enuiron dix lieuës iusques à la latitude de cinquante degré. Le
Samedy ensuyuant premier iour d'Aoust
au leuer du soleil cognusmes et vismes
d'autres terres qui nous restoyent du costé
du Nord et Nordest, lesquelles estoyent
treshautes et coupees, et sembloyent estre
montagnes, entre lesquelles y auoit d'autres terres basses ayans bois et rivieres.
Nous passasmes autour de ces terres tant
d'vn costé que d'autres tirans vers Norouest, pour voir s'il y auoit quelque golfe
ou bien quelque passage iusques au v. du
mois. D'vne terre à l'autre il y a viron
xv. lieuës, et le mitan est au cinquante et
vn tiers degré de latitude, et nous fut tres-
difficile de pouuoir faire plus de cinq lieuës
à cause de la maree qui nous estoit con-

traire et des grands vents qui y sont ordinairement. Nous ne passames outre les
cinq lieuës d'où l'on voyoit aisément la
terre de part en part laquelle commence là
a s'eslargir. Mais d'autant que nous ne faisions autre chose qu'aller et venir selon le
vent, nous tirasmes pour ceste raison vers
la terre pour tascher de gaigner vn Cap qui
est vers Su, qui estoit le plus loin et le plus
auancé en mer que nous peussions descouvrir, et estoit distant de nous enuiron
quinze lieuës : Mais estans proches de là
trouuasmes que c'estoyent rochers, pierres
et escueils, ce que nous n'auions encores
point trouué aux lieux où nous auions esté
au parauant vers le Su, depuis le Cap de
S. Iean, et pour lors estoit la maree qui
nous portoit contre le vent vers l'Ouest :
De maniere que nauigans le long de ceste
coste vne de nos barques heurta contre vn
escueil et ne laissa de passer outre, mais il
nous fallut tous sortir hors pour la mettre
à la maree.

Comme ayans consulté ce qui estoit le plus
expedient de faire, nous deliberasmes
nostre retour, du Destroit de S. Pierre
et du Cap de Tiennot.

AYANS nauigé le long de ceste coste environ deux heures, la maree suruint auec
telle impetuosité qu'il ne nous fut iamais
possible de passer auec treze auirons outre
la longueur d'vn iet de pierre. Si bien qu'il
nous fallut quitter les barques et y laisser
partie de nos gens pour la garde, et mar-
cher terre par quelque dix ou douze hommes iusques à ce Cap, où nous trouuasmes
que ceste terre commence là a s'abbaisser
vers Surouest. Ce qu'ayans veu et estans
retournez à nos barques, reuinsmes à nos
Nauires qui estoyent ja à la velle qui pensoyent tousiours pouuoir passer outre :
mais ils estoyent auallez à cause du vent
de plus de quatre lieuës du lieu où nous
les auions laissez, où estans arriuez fismes
assembler tous les Capitaines, mariniers,
maistres et compagnons pour auoir l'aduis
et conseil de ce qui estoit le plus expedient

à faire. Mais apres qu'vn chacun eut parlé,
l'on considera que les grands vents d'Est
commençoyent a regner et devenir vio-
lens, et que le flot estoit si grand que nous
ne faisions plus que raualler, et qu'il n'estoit possible pour lors de gaigner aucune
chose : mesmes que les tempestes commençoyent a s'eslever en ceste saison en la
terre Neufue, que nous estions de lointain
pays, et ne sçauions les hasards et dangers
du retour, et pource qu'il estoit temps de
se retirer, ou bien s'arrester là pour tout le
reste de l'annee. Outre cela nous discou-
rions en ceste sorte, que si vn changement
de vens de Nord nous suprenoit qu'il ne
seroit possible de partir. Lesquels aduis
ouys et bien considerez nous firent entrer
en deliberation certaine de nous en retourner. Et pource que le iour de la feste de
S. Pierre, nous entrasmes en ce destroit,
nous l'appellasmes à ceste occasion Destroit de S. Pierre, ou ayans ietté la sonde
en plusieurs lieux, trouuasmes en aucuns
cent cinquante brasses, aux autres cent, et
pres de terre soixante auec bon fond. Depuis ce iour iusques au Mercredy nous

eusmes vent à souhait et circuimes ladite
terre du costé du Nord, Est-Suest, Ouest,
et Norouest : car telle est son assiette, horsmis la longueur d'vn Cap de terres basses
qui est plus tourné vers Suest, esloigné à
viron xxv. lieuës dudit destroit. En ce lieu
nous vismes de la fumee qui estoit faite par
les gens de ce pays au dessus de ce Cap,
mais pour ce que le vent ne singlait vers
la coste nous ne les accostasmes point, et
eux voyans que nous n'approchions d'eux
douze de leurs hommes vindrent à nous
auec deux barques lesquels s'accosterent
aussi librement de nous comme si ce fus-
sent esté François, et nous donnerent à
entendre qu'ils venoyent du grand golfe, et
que leur Capitaine estoit un nommé Tiennot, lequel estoit sur ce Cap, faisant signe
qu'ils se retiroyent en leur pays d'où nous
estions partis, et estoyent chargez de poisson, nous appelasmes ce cap Cap de Tiennot. Passé ce Cap toute la terre est posee
vers l'Est-Suest, Ouest et Norouest, et
toutes ces terres sont basses, belles et en-
uironnees de sablons, pres de mer et y a
plusieurs marais et bancs par l'espace de

xx. lieuës, et en apres la terre commence a
se tourner d'Ouest à l'Est, et Nordest,
et est entierement enuironné d'Isles esloi-
gnees de terre deux ou trois lieuës. Et ainsi
comme il nous semble y a plusieurs bancs
périlleux plus de quatre ou cinq lieuës loin
de la terre.

Comme le ix. iour d'Aoust nous entras-
mes dans Blanc-sablon, et le cinquiéme
de Septembre arriuasmes au port de
S. Malo.

DEPVIS le Mercredy susdit iusques au
Samedy nous eusmes vn grand vent de
Surouest qui nous fit tirer vers l'Est-
Nordest, et arriuasmes ce iour là à la
terre d'Est de la terre-Neufue entre les
Cabannes et le Cap-double. Icy commença
le vent d'Est auec tempeste et grande im-
petuositué, et pour ce nous tournasmes le
Cap au Norouest et au Nord pour aller
voir le costé du Nord qui est comme nous
avons dit entierement enuironné d'Isles, et
estant pres d'icelles, le vent se changea et
vint du Su, lequel nous conduit dans le

golfe, si bien que par la grace de Dieu nous entrasmes le lendemain qui estoit le ix. d'Aoust dans Blanc-sablon, et voilà tout ce que nous auons descouuert.

En apres le xv. Aoust iour de l'Assumption de nostre Dame nous partismes de Blanc-sablon apres auoir ouy la Messe, et vinsmes heureusement iusques au mitan de la mer qui est entre la terre-Neufue et la Bretagne, auquel lieu nous courusmes grande fortune pour les vens d'Est, laquelle nous supportasmes par l'aide de Dieu, et du depuis eusmes fort bon temps, en sorte que le cinquiéme iour de Septembre de l'année susdite nous arriuasmes au port de S. Malo d'où nous estions partis.

FIN.

LE

LANGAGE

DES PAYES ET ROYAUMES

DE HOCHELAGE ET CANADA

D'APRÈS RAMUSIO.

Linguaggio della terra nuouamente scoperta
chiamata la nuoua Francia.

Iddio	
Il Sole	Isnez.
Idella	Suroe.
Cielo	Camet.
Giorno	
Notte	Aiagla.
Acqua	Ame.
Sabbione	Estogaz.
Vela	Aganie.
Testa	Agonaze.
Gola	Conguedo.
Naso	Hehonguesto.

Denti	Hesangue.
Vnghie	Agetascu.
Piedi	Ochedasco.
Gambe	Anoudasco.
Morto	Amocdaza.
Pelle	Aionasca.
Quello	Yca.
Un manaretto	Asogne,
Molue pesce	Gadogoursere.
Buon da mangiar	Quesande.
Carne	
Amandole	Anougaza.
Fighi	Asconda.
Oro	Henyosco.
Il membro natural	Assegnega.
Vn arco	
Latone	Aignetaze.
La fronte	Ansce.
Una piuma	Yco.
Luna	Casmogan.
Terra	Conda.
Vento	Canut.
Pioggia	Onnoscon.
Pane	Cacacomy.
Mare	Amet.
Naue	Casaomy.

Huomo	Vndo.
Capelli	Hochosco.
Occhi	Ygata.
Bocca	Heche.
Orecchie	Hontasco.
Braccia	Agescu.
Donna	Enrasesco.
Mallato	Alouedeche.
Scarpe	Atta.
Vna pelle da coprir le parti vergognose	Ouscozon uondico.
Panno rosso	Cahoneta.
Coltello	Agoheda.
Sgombro	Agedoneta.
Noci	Caheya.
Pomi	Honesta.
Faue	Sahe.
Spada	Achesco.
Vna freʒʒa	Cacta.
Arbore verde	Haueda.
Vn pittaro di terra	Vndaco.

1307 — Paris, imprimerie JOUAUST, 338, rue Saint-Honoré.

APPENDICE

VOYAGE

JAQUES CARTIER

IMPRIMERIE JOUAUST

RUE SAINT-HONORÉ, 338

A Paris

DOCUMENTS INÉDITS

SUR

JAQUES CARTIER

ET LE

CANADA

PARIS

LIBRAIRIE TROSS

5, RUE NEUVE-DES-PETITS-CHAMPS, 5

——

1865

DOCUMENTS INÉDITS

SUR

JACQUES CARTIER

ET SUR

LE CANADA

COMMUNIQUÉS PAR

M. ALFRED RAMÉ

DE RENNES

A

DOCUMENTS INÉDITS

SUR

JACQUES CARTIER

Du jeudi XIXe jour de mars l'an mil v^e xxxiii, davent monsieur l'alloué, présent Me Christofle Salmon, exerçant l'office de procureur, monseigneur présent en ceste ville.

. . . .

. . . .

* Dudit jeudi, davent monsieur l'alloué.

Sur la remonstrance, complainte et doliance ce jourdui faicte à ceste court de Me Jacques Cartier, capitaine et pilote pour le Roy, ayant charge de voiaiger et aller aux Terres Neuffves, passer le destroict de la baye des Chasteaulx avecques deux navires équippez de saixante compaignons pour l'an présent, que combien que luy ayut esté délivrée partie desdits navires pour fere ladite naviga-

---

* Remonstrance de Jacques Cartier. Défaut de navigation.

tion, laquelle ne se peult fere sans avoir des mariniers et compaignons de mer, lesquelz ne peult trouver pour fere pris et louyer, pour fere ladite navigation, estant l'impeschement que lui ont donné et donnent journellement aulcuns taichans empescher ladite navigation contrevenans au plaisir et voulloir du Roy notre souverain seigneur, et aussi plusieurs bourgeoys et marchands de ceste ville taichant à emmener et conduire plusieurs navires de ceste dite ville auxdites parties de Terre Neuffve pour leur profilt particullier, lesquelz ont caiché et faict caicher lesdits maistres de navires, maistres mariniers et compagnons de mer, que par ce moyen est du tout empeschée l'entreprinse et voulloir dudit seigneur, demandant et requérant sur cela estre sommairement pourveu de remede de justice convenable. Pourquoy, après avoir esté de ce que dessus sommairement informé, a esté et est donné pouvoir et auctorité, commission et mandement espécial aux sergens généraulx de cestedite court et à chacun, de fere, à instance et requeste dudit Cartier, et audit nom de l'auctorité de ladite court, arrestz sur touz et chacuns les navires de ce port et havre et de toute la juridiction, avecques prohiber et deffandre à touz et chacun les bourgeoys et maistres de navires de non les fere déplacer de cedit port et havre de ceste ville des lieux de là où y sont, et de non les fere voiaiger, ne fere aultre navigation jucques à ce que tout premier lesdits deux navires dudit Cartier et oudict nom, soinct deubment équippez de maistres

mariniers et compagnons de mer, en ensuyvant le
bon plaesir et voulloir dudit seigneur, à la paine de
cinq centz escuz pour chacun desdits navires, et
lesdits maistres mariniers et compaignons à chacun
à la paine de cinquante escuz, et oultre intimer
ausdits compaignons à ladite requeste et instance
que seront arrestez, et l'arrest de ladite court dès
maintenant mis et assis sur leurs personnes en ladite
juridiction. Faict par la court de Sainct Malo, le
xxviii° jour de mars, l'an mil cinq centz trente troys.
Et baillé pour fere scavoir aux personnes dont par-
ticullierement serès requis de la part dudit Cartier, et aussi, si mestier est, à son de trompe et
cry publicque par cestedite ville par les carffours
acoustumez à faire espletz, bannyes et criz pu-
blicques.

Le lundy huictiesme jour de feubvrier l'an mil
cinq centz xxxiiii, à la baye Sainct Jehan*, davent
mondit seigneur le capitaine, monsieur l'official,
Mᵉ Guillaume Deschamps, Mᵉ Pierre Le Gobieu,
alloué de la court dudit Sainct Malo;

Présens, Jehan Billard, procureur, Estienne Picot, Julien Cronier, Guillaume Porée, le Boys,

* Lieu de réunion de la communauté de ville de Saint-Malo

Jacques Chenu, Jehan Boulain, Devant Lapoupe,
Guillaume Sainct Maurs, Josselin Esverard, Pierres
Guyheneuc, Jehan Maingard Hupeau, Pierre Gos-
selin, Robin Boulain Vignecte, Jehan Esverard,
Francoys Gaillard, Estienne Odiepore, Francoys
Martin, Estienne Richomne, Guyon Desgranches,
Robin Gaultier le Jeune, Guillaume Perrinet,
Mᵉ Jacques Cartier, Estienne Gilbert, Jacques
Martinet, Martin Patrix, Jehan Huschetel, Alain
Patrix, Thomas Levrel, Yves Morel, Guillaume
Maingard, Guillaume Boulain, Jacques Maingard,
Julien Fertés, Guillaume Martin Lalande, Hamon
Gaultier, Bertran Picot, Charles Cheville,

Et plusieurs aultres des bourgeoys congregez et
assemblez comme dict est.

. . . .

. . . .

A esté par ledit Cartier aparu son mandèment
luy octroyé de monseigneur l'admyral de Bretaigne,
icely a esté leu, en dabte de penultieme jour d'octobre l'an mil v centz xxxiiii et signé de Philipes
de Chabot, et scellé.

A esté ordonné que, au désir d'icely, icy soit mis
le teneur d'icely,

Et qu'il soit inseré en ce papier tel que a esté
baillé pour publier sauff le droit d'aultruy.

La teneur ensuist.

Phelippes Chabot, chevalier de l'ordre, compte de Buzançoys et de Charny, baron d'Aspremont, de Paigny et de Mirebeau, seigneur de Beaumont et de Fontaine franczose admiral de France, Bretaigne et Guyenne, gouverneur et lieutenant général pour le roy en Bourgongne, aussi lieutenant général pour monseigneur le daulphin ou gouvernement de Normandie, au cappitaine et pillote maistre Jaques Cartier de Sainct Mâlo, salut. Nous vous avons commis et depputé, commettons et deputons du voulloir et commandement du roy pour conduire, mener et emploier troys navyres équippées et advitaillées chacune pour quinze moys au parachevement de la navigation des terres par vous jà commencées à descouvrir oultre les terres neufves, et en icelluy voaige essayer de faire et acomplir ce qu'il a plu audit seigneur vous commander et ordonner, pour l'équippaige duquel vous achapterez ou freterez à tel pris raisonnable que adviserez au dire de gens de bien à ce congnoissans, et sellon que verrez et congnoistrez estre bon pour le bien de ladite navigation, lesdites troys navires prandrez et louerez le nombre des pillotes, maistres et compaignons marynyers telz qu'il vous semblera estre requis et nécessaire pour lacomplissement d'icelle navigation, desquelles choses faire equipper, dresser et mettre sus, vous avons donné et donnons povoir, commission et mandement espicial, avec la totale charge et superintendence d'iceulx navires, voaige et navigation, tant à laller que retourner, Mandons et commandons à tous lesdits pillottes, maistres et compagnons mariniers et aultres qui seront esdits navires vous obeyer et suyvre pour le service du roy en ce que dessur, comme ilz feroint à nous mesmes, sans aucune contradition ne reffuz, et ce sur les peines en tel cas acoustumés à ceulx qui se trouveront desobeïssans et faisans le contraire. Donné soubz noz seing et scel d'armes, le pénultieme jour d'octobre l'an mil cinq centz trante quatre. Ainsi signé Phelippes Chabot, et saellé en plat quart de cire rouge. (*En marge* :) Collationné avecq loriginal.

Le mercredy dernier jour de mars après Pasques mil v^{cc}xxxv, à la baye Sainct Jehan, davent Monseigneur le capitaine, Présens, M. Jehan Le Juiff, lieutenent de M. le Connestable de ladicte ville de Sainct Malo, Jehan Billard, procureur desdictz bourgeoys, Jn. Cronier, Jacques Chenu, Jehan Grout le jeune, Bertrand Beauboys, Pierre May, Françoys Gaillard, Jehan Maingard Hupeau, Jacques Martinet, Robin Boullain, Estienne Richomme, Guillaume Boulain Villauroux, Pierres Hamelin, Guillaume Maingard, Guillaume Pepin, Jehan Brisard lesné, Jehan Boulain Belestre, Thomas de la Bouille, Robin Gaultier le jeune, Thomas Maingard, Françoys

Martin, Guillaume Grout, Boullet Souchart, Yves Morel, Guillaume le Breton Bastille, Georges Boulain, Guillaume Sainct Maurs, Pierres Gosselin, Jehan Grout lesné, Charles Cheville, Guillaume Gaillard, Pierres Jonchée, Pierres Gaillard, Jehan de May, Pierres Colin,

Et plusieurs aultres desdictz bourgeoys assemblez.

Sur ce que a esté par ledict procureur remonstré touchant une bannye qui fut hyer faicte par Pierres Giraud, sergent, a esté ledict sergent présent, quel a confessé avoir faict ladicte bannye, quelle il a aparu; et a dict ung nommé Jehan Poulet présent la luy a faict fere et non aultres, et laquelle bannye a esté ordonnée estre incerere en ce papier; et ledict Bastille présent, quel a désavoué avoir faict fere ladicte bannie; et ledict Poulet présent quel a dict, en vertu de la charge luy baillée, ledict Cartier avoir faict fere ladicte bannie.

Lesdictz de la Bouille et Maingard présents, quels, o la charge que Jacques Cartier a baillé audict Jehan Poulet, ont advoué ladicte bannie et non aultrement.

Et icelly Poulet a aparu le role et nombre des compaignons que ledict Cartier a prins pour ladicte navigation, et a esté (mis entre nos mains?) pour incerer cy dessous, et a icelly Poulet protesté de en dynyer du nombre de xxv. à trante et de prandre d'aultres à son chouaix.

L'incertion desdicts maistres compaignons mariniers et pillotes sensuyvent.

JACQUES CARTIER, cappitaine,

Thomas Fourmont, maistre de la nef,

Guillaume le Breton Bastille, cappitaine et pilote du galion,

Jacques Maingard, maistre du galion,

Marc Jalobert, cappitaine et pillote du Correlieu,

Guillaume Le Marié, maistre du Courlieu,

Laurens Boulain,

Estienne Nouel,

Pierres Esmery, dict Talbot,

Michel Hervé,

Estienne Princevel,

Michel Audiepvre,

Bertrand Sambost,

Richard Le Bay,

Lucas Fammys,

Francoys Guitault, apoticaire,

Georget Mabille,

Guillaume Sequart, cherpentier,

Robin le Tort,

Samson Ripault, barbier,

Francoys Guillot,

Guillaume Esnault, cherpentier,

Jehan Dabin, cherpentier,

Jehan Duvert, cherpentier,

Jullien Golet,
Thomas Boulain,
Michel Phelipot,
Jehan Hamel,
Jehan Fleury,
Guillaume Guilbert,
Colas Barbe,
Laurens Gaillot,
Guillaume Bochier,
Michel Eon,
Jehan Anthoine,
Michel Maingard,
Jehan Maryen,
Bertrand Apvril,
Gilles Stuffin,
Geoffroy Ollivier,
Guillaume de Guernezé,
Eustache Grossin,
Guillaùme Allierte,
Jehan Ravy,
Pierres Marquier, trompecte,
Guillaume Le gentilhomme,
Raoullet Maingard,
Francoys Duault,
Hervé Henry,
Yvon Legal,
Anthoine Alierte,
Jehan Colas,
Jacques Poinsault,
Dom Guillaume Le Breton,
Dom Anthoine,

Philipes Thomas, cherpentier,
Jacques Duboy,
Jullien Plantirnet,
Jehan Go.
Jehan Legentilhomme,
Michel Douquais, cherpentier,
Jehan Aismery, cherpentier,
Pierre Maingart,
Lucas Clavier,
Goulset Riou,
Jehan Jacques Morbihen,
Pierres Nyel,
Legendre Estienne Leblanc,
Jehan Pierres,
Jehan Coumyn,
Anthoine Desgranches,
Louys Douayrer,
Pierres Coupeaulx,
Pierres Jonchée.

FRANÇOIS par la grâce de Dieu Roy de France, et touz ceux qui ces présentes lettres verront, salut. Comme pour le désir d'entendre et avoir congnoissance de plusieurs pays que on dict inhabitez, et aultres estre pocedez par gens sauvaiges vivans sans congnoissance de Dieu et sans usaige de raison, eussions des piecza à grandz fraiz et mises envoyé descouvrir esdits pays par plusieurs

bons pillottes et aultres noz subjectz de bon entendement, sçavoir et expérience, qui d'iceux pays
nous auroient amené divers hommes que nous
avons par long (temps) tenuz en nostre royaume
les faisans instruire en l'amour et crainte de Dieu,
et de sa saincte loy et doctrine chrestienne, en intention de les faire revenir esdicts pays en com-
paignie de bon nombre de noz subjectz de bonne
volonté, affin de plus facillement induire les autres peuples d'iceux pays à croire en nostre
saincte foy, Et entre autres y eussions envoyé
nostre cher et bien amé Jacques Cartier, lequel
auroict descouvert grand pays des terres de Canada
et Ochelaga, faisant un bout de l'Azie du costé de
l'Occident, lesquelz pays il a trouvez, ainsi qu'il
nous a rapporté, garniz de plusieurs bonnes commoditez, et les peuples d'iceux bien formez de
corps et de membres et bien disposez d'esprit et
entendement, desquelz il nous a semblement
amené aucun nombre que nous avons par long
temps faict vivre et instruire en nostre saincte foy,
avecq nosdictz subjectz, en considération de quoy
et vu leur bonne inclination, nous avons advisé
et délibéré de renvoïer ledict Cartier esdictz pays
de Canada et Ochelaga et jusqu'en la terre de Saguenay, s'il peult y aborder avec bon nombre de
navires et de nosdictz subjectz de bonne volonté
et de touttes qualitez, artz et industrie pour plus
avant entrer esdictz pays, converser avec lesdictz
peuples d'iceux et avecq eux habiter si besoin est,
affin de mieux parvenir à nostre dite intention, et

à faire chose aggréable à Dieu nostre créateur et rédempteur et qui soict à l'augmentation de son saint et sacré nom et de nostre mère sainte église catholicque, de laquelle nous sommes dictz et nommez le premier fils, Pourquoi, soict besoing pour meilleur ordre et expédition de ladicte entreprise députer et establir un capitaine général et maistre pillotte desdictz navires, qui ait regard à la conduitte d'iceux et sur les gens officiers et soldatz y ordonnez et establiz, sçavoir faisons, que Nous, à plain confians de la personne dudict Jacques Cartier, et de ses sens, suffizance, loyaulté, preudhomie, hardiesse, grande dilligence et bonne expérience, icely pour ces causes et aultres, à ce nous mouvans, avons faict et constitué, ordonné et estably, faisons, constituons, ordonnons, et establissons par ces présantes Capitaine général et maistre pillotte de tous les navires et autres vaisseaux de mer par nous ordonnez estre menez pour ladicte entreprise et expédition, pour ledict estat et charge de capitaine général et maistre pillotte d'iceux navires et vaisseaux avoir, tenir, et esercer par ledict Jacques Cartier aux honneurs, prérogatives, prééminances, franchises, libertez, gaiges et biens faictz tels que par nous luy seront pour ce ordonnez, tant qu'il nous plaira, et luy avons donné et donnons puissance et auctorité de mettre, establir et instituer ausdcitz navires telz lieutenantz, patrons, pillottes et autres ministres nécessaires pour le faict et conduicte d'iceux, et en tel nombre qu'il verra et congnoistra estre besoing et nécessaire pour le bien de ladicte expédition. Si donnons en mandement par cesdictes présentes à nostre admiral ou visadmiral que pris et receu dudict Jacques Cartier le serment pour ce deu et accoustumé, iceluy mettent et instituent ou facent mettre et instituer de par nous en posession et saisine dudict estat de capitaine général et maistre pillotte et d'iceluy ensemble des honneurs, prérogatives, prééminances, franchises, libertez, gaiges et bienfaictz telz que par nous luy seront pour ce ordonnez, le facent, souffrent et laissent jouir et user plainement et paisiblement et à luy obeyr et entendre de tous, et ainsi qu'il appartiendra es choses touchant et concernant ledict estat et charge, et oultre luy face, souffre et permette prendre le petit Gallion appellé l'Esmerillon, que de présant il a de nous, lequel est jà viel et caduc, pour servir à l'adoub de ceux des navires qui en auront besoign, et lequel nous voullons estre pris et appliqué par ledict Cartier pour l'effect desusdict, sans ce qu'il soit tenu en rendre aucun autre compte ne relicqua, et duquel compte et relicqua nous l'avons deschargé et deschargeons par icelles présantes par lesquelles nous mendons aussy à noz prévost de Paris, baillifs de Rouan, de Caen, d'Orléans, de Bloys et de Tours, sennechaux du Maine, d'Anjou et Guyenne, et à tous nos autres baillifz, sennechaux, prévostz et allouez et autres nos justiciers et officiers tant de nostre dict Royaume que de nostre pays de Bretaigne uny à iceluy, par devers lesquelz sont aucuns prisonniers

accusez ou prévenus d'aucuns crimes quelz qu'ilz
soinct, fors des crimes d'hérézie et de leze majesté
divine et humaine envers nous et de faulx mon-
nayeurs, qu'ilz ayent incontinent à délivrer, rendre
et bailler es mains dudict Cartier, ou ses commis
et deputtez portans cestes présantes, ou le duplicata
d'icelles, pour nostre service en ladicte entreprise
et expédition, ceux desdictz prisonniers qu'il congnoistra estre propres suffizans et cappables pour
servir en icelle expédition jusqu'au nombre de
cinquante personnes et selon le choix que ledict
Cartier en fera, iceux premièrement jugez et con-
dannez selon leur démerittes et la gravité de leurs
meffaictz, si jugez et condamnez ne sont, et satis-
faction aussy préalablement ordonnée aux parties
civilles et intéressées, si faictes n'avoict esté, pour
laquelle toutteffois ne voullons la délivrance de
leurs personnes esdictes mains dudict Cartier s'il
les trouve de service, estre retardée ne retenue,
mais se prendra laditte sattisfaction sur leurs biens
seullement, et laquelle délivrance desdictz prisonniers, accusez ou prévenuz nous voullons estre
faicte esdictes mains dudict Cartier pour l'effect
dessus dict, par nos dictz justiciers et officiers
respectivement, et par chacun d'eux en leur regard, povoir et juredition, nonobstant oppositions
ou appellations quelconcques faictes ou à faire, re-
levées ou à relever, et sans que par le moyen d'icelles, icelle délivrance en la manière dessus dicte soict
aucunement différée, et affin que plus grand
nombre n'en soict tiré outre lesdictz cinquante,

nous voullons que la délivrance que chacun de nosdictz officiers en fère audict Cartier soict escripte et certiffiée en la marge de cestz présantes, et que néantmoins registre en soict par eux faictz et envoyé incontinent par devers notre amé et féal chancelier pour congnoistre le nombre et la quallitté de ceux qui ainsi auront esté baillez et delivrez, Car tel est nostre plaisir, en tesmoing de ce nous avons faict mettre nostre scel à cesdictes présantes. Donné à Sainct Pris le dix septieme jour d'Octobre l'an de grâce mil cinq centz quarante et de nostre regne le vingt sixiesme. Ainsi signé sur le reply : Par le Roy, vous Monseigneur le Chancelier et autres présans, De la Chesnaye, et scellées sur ledict reply à simple queue de cire jaulne.

Ausquelles lettres est attaché soubz contre scel autres lettres pattantes dont la teneur ensuict :

HENRY fils aisné du Roy, Dauphin de Viennois, duc de Bretaigne, compte de Vallentinois, et de Diois, à noz amez et féaux les gens de noz conseil et chancellerie, sénéchaux, allouez, lieutenantz, et à tous noz autres justiciers et officiers en nos dictz pays et duché, salut. Nous vous mendons que suyvant le contenu es lettres patantes du Roy nostre trés honoré seigneur et pere, données en ce lieu de Sainct Pris, le dix septiesme jour de ce présant mois, ausquelles ces présantes sont attachées soubz le contre scel de nostre chancelerie, vous ayez à incontinent délivrer, rendre et bailler entre les mains de nostre cher et bien amé Jacques Car-

B

tier, capitaine général et pillotte de tous les navires
et autres vaisseaux de mer que le Roy nostre dict
seigneur et pere envoye ès pays de Canada et Ochelaga, et jusque en la terre de Saguenay... Pour les
causes à plain déclarées esdictes lettres, ou à ses commis et deputtez portant lesdictes lettres et cesdictes
présantes, les prisonniers estans par devers vous
accusez ou prévenus d'aucun crime, quel qu'il soict,
fors de crime d'hérézie et leze majesté divine et humaine et faulz monnayeur, que ledict Cartier congnoistra estre propres, suffizans et cappables pour
servir audict voiaige et entreprise jusqu'au parfaict
du nombre de cinquante personnes et selon le
choix que ledict Cartier en fera, iceux premièrement jugez et condamnez selon leurs demerittes
et la gravitté de leurs meffaictz, si jugez et condamnez ne sont, sattisfaction aussi préalablement
faicte aux parties civilles et interessées, si faicte
n'avoict esté, sans touttefois pour la dicte sattisfaction retarder la délivrance de leurs personnes
esdictes mains dudict Cartier s'il les trouve de
service comme dict est, mais ordonner icelle sattisfaction estre prise sur leurs biens seullement, et affin qu'il n'en soict tiré plus grand nombre que cinquante, chaicun de vous respectivement regarderez
la marge desdictes lettres, combien il en aura esté
délivré au dict Cartier, et ferez escrire et certiffier
en icelle marge ceux que luy ferez delivrer, et
néantmoins en tiendrez registre que vous envoirez
à nostre très cher et féal le chancelier de France
et le nostre pour congnoistre le nombre et qualité

qu'ainsi auront esté délivrez, le tout selon et ainsi qu'il est plus au long contenu et déclaré esdictes lettres du Roy nostre dict seigneur et père, et que ledict seigneur le veult et mande par icelles. Donné à Sainct Pris le vingtieme jour d'Octobre l'an mil cinq centz quarante. Ainsi signé, par Monseigneur le Dauphin et duc, Clausse, et scellées à queue de cire rouge.

Le Sabmedy xxixᵉ jour de Janvier l'an mil vᶜ xl, davent monseigneur l'alloué.

. . . .
. . . .

Ledict jour,

Maistre Jacques ,Cartier a aparu ung mandement du Roy donné à Fontainebleaux le xiiᵉ jour de Décembre, signé par le Roy en son conseil, de la Chesnaye, et saellé, quel a esté leu et baillé pour publyé.

. . . .

Teneur du mandement aparu par Jacques Cartier.

FRANCOYS par la grâce de Dieu Roy de France, au seneschal de Rennes ou son lieutenant et alloué dudict lieu, salut et dilection. Nostre cher et bien amé Jacques Cartier, capitaine général et maistre pillote de tous les navires et autres vaisseaux de mer que nous voullons envoïer ès terres de Canada, Hochelaga, jusques en Saguenay, faisant ung des boutz de l'Asie du costé du Nor, nous a faict dire et remonstrer que pour l'expédition de ladicte entreprinse luy est besoing et necessere recouvrer grant nombre de pillotes mariniers et aultres maistres deuement experimentez au faict de navigation pour la conduicte desdicts navires, à laquelle fin il a voullu convenir et accorder avecques plusieurs expers dudict estat et maryne, lesquelx ont esté par aucuns de noz subjectz, tant de la ville de Sainct Malo que aultres villes, portz et havres du duché de Bretaigne pernitieusement et malicieusement divertyz et dissuadez, au moyen [de quoy] ledict veage, en danger desdicts grands retards, est différé contre notre voulloir et intention, requérant, ledict Cartier, sur ce notre provision à ce convenable. Pour ce est il que nous, ce considéré, vous mandons et commetons par ces présentes et chacun de vous sur ce requis que informiez dilligemment, secretement et bien de ce sur lesdicts empeschements, malicieuses et pernicieuses dissuasions et aultressi sur leurs circonstances et dépendances qui plus à plain vous seront baillées par escript et par déclaration, si besoing est, par ledict Cartier, pour ladicte informacion fete et raportée par devers ceux des gens de nostre pryvé conseil, icelles veues, en estre ordonné ce que de raison ; de ce fere vous donnons povoir et auctorité par ces présentes, mandons et commandons à tous noz justiciers, officiers et subjectz que à vous en ce faisant soit obey. Donné à Fontainebleaux le xiie jour de Décembre l'an de grâce mil veXL, et de nostre regne le xxvie. Ainsi signé, Par le Roy en son conseil, de la Chesnaye, et saellé en cire jaulne.

FRANÇOIS par la grâce de Dieu Roy de France, à nostre amé et féal conseiller et lieutenant en l'admiraulté de France à la table de marbre de nostre palais à Rouan, maistre Robert Legoupil, salut et dillection. Comme pour veoir et entendre les comptes de la recepte et despence que a faicte nostre cher et bien amé Jacques Cartier, nostre pillotte au voiaige par luy naguères faict par nostre commendement es pays de Canada et des deniers par luy receuz pour cest effect, tant de nous que de feu nostre amé et féal cousin le seigneur de Chasteaubriend, nous eussions par cy devant commis et députté aucuns commissaires noz officiers estans léz nous et à la suitte de nostre personne lesquels, pour les autres occupations et empeschements qu'ils ont en leurs charges et estats n'y auroient peu vacquer ne entendre, au moyen de quoy n'ont peu estre jusqu'icy lesdicts comptes vériffiés ni la

veritté de la dicte recepte et despence dudict
voiaige congneue, ne entendue, au grand interest et
prejudice de nous et du dict Cartier, lequel à ceste
cause nous a très humblement supplyé et requis
luy voulloir pourveoir d'autres commissaires, à
l'effect que dessus, Sçavoir faisons que nous, confians à plain de vostre personne et de voz sens, in-
tégrité, loyaulté et expérience et bonne dilligence,
vous avons commis, ordonné et depputé, commettons, ordonnons et députtons pour et au lieu des
commissaires dessus ditcs, assister avecq quattre
bons personnaiges de sçavoir, loyaulté et expé-
riance au faict de despence de la marine non sus-
pects, ne favorables, dont ledict Cartier et le sieur
de Robertval conviendront par devant vous dedans
huictaine apprès l'assignation de ce présent ren-
voy achevé, et à deffault d'en convenir et accorder
par eux, en prendrez de vostre office, de non sus-
pects ne favorables à l'une ny à l'autre partie, et
avecq' eux procéderez à l'audition et examen des
comptes dudict Cartier appellé et présant ledict
sieur de Robertval, lequel nous voullons y estre
adjourné par le premier notre huissier ou sergent
sur ce requis si besoign est intimation, qu'il y
compare ou non, sera procédé par vous et lesdicts
commissaires à l'exécution de ceste présante commission, ouyr aussi le différent d'entre lesdicts de
Robertval et Cartier, tant sur le faict de ladicte
recepte et despence que aultres par eux respectivement prétendues, pour apprès nous donner advis
et aux gens de nostre conseil privé tant sur la clos-

ture desdicts comptes et de ce dont ledict Cartier par la fin d'iceux nous pouroict estre redevable que sur le jugement du dict différent d'entre ledict sieur de Robertval et Cartier, et le tout nous renvoier féablement clos et scellé, ou aux gens de nostre dict conseil, pour, après y pourveoir ainsi que verrons estre à faire par raison de ce faire, vous avons, et ausdicts quattre commissaires qui seront par vous choisiz et esleuz comme dict est, donné et donnons pouvoir, auctorité, commission et mandement spécial, en deschargeant par ce moien les quattre commissaires par nous jà députtés pour cest effect de leur dicte commission par ces dites présantes, car tel est nostre plaisir. Donné à Evreux le troisiesme jour d'Apvril l'an de grâce mil cinq centz quarante trois avant Pasques, et de nostre regne le trantiesme. Ainsi signé : Par le Roy en son conseil, De Neasville et scellé du grand seau de cire jaulne à simple queue.

Collation faicte par nous Estienne Gravé et Jullien Lesieu, notaires royaux de la court de Rennes establiz à Sainct Malo et Chasteauneuf, respectivement sur les originaulx nous apparus par Jacques Odievre marchand demeurant audict Sainct Malo, l'un des successeurs dudict feu Capitaine Cartier, et outre nous a ledict Odievre apparu un compte escript sur papier signé Jac Cartier, contenant soixante dix fueillets d'escripture, le commencement duquel jusqu'au troisiesme fueillet verso, avons seullement avecq la déduction estant au dernier fueillet dudict compte inséré de mot à mot, comme ensuilt et non daventaige à raison de la longueur dudict compte.

Affin que par vous monsieur maistre Roberd Legoupil, conseiller du Roy nostre sire et lieutenant en l'admiraulté à la pierre de marbre à Rouan, commissaire par ledict seigneur ordonné pour veoir et ouïr les comptes de la recepte, mise, et despence que Jacques Cartier capitaine et pillotte par auctorité royal au voiaige dernièrement faict par luy à la terre de Canada et autres lieux, ensemble ouyr et entendre les différents d'entre le sieur de Robertval et ledict Cartier, appellés en vostre compaignye quattre commissaires selon et au désir de leur commission, est prest à rendre et

offre iceluy Cartier faire au désir d'icelle commission, et selon que le voulloir dudict seigneur est,
soict entendu pleinement et entièrement le faict
et moyen desdicts comptes.

Et Premier, dict iceluy Cartier et se charge
avoir esté ordonné par ledict seigneur pour l'exécution dudict voiaige estre livré à Jan Lefrançois
de la Rocque sieur de Robertval et audict Cartier
quarante cinq mil livres tournois pour emploier et
convertir aux choses nécessaires pour telle expédition, plus à plain mentionnées par transaction verballe, articullée et spécifiée faicte de la part dudict
seigneur par maistre Guillaume Preudhomme,
monsieur le Général de Normandye et lesdicts
De la Rocque et Cartier, à ceste présante attachée, desquels quarante cinq mil livres, quinze
mil demeurerent entre les mains dudict de la
Rocque dont il se chargea, comme il appert par
actes signés dudict de la Rocque et Charles de
Kermarec sieur dudict lieu, et ledict Cartier, en
datte du septieme jour de May l'an mil cinq cent
quarante un, faicte à Sainct Malo, quels actes,
ensemble autres pièces, advenant le dény dudict
De la Rocque, il vous plaira veoir et permettre
audict Cartier ses soubstenances et deffances,
comme veoirés par raison avoir affaire du reste de
ladicte somme qui est trante mil livres, faisant les
deux tiers des quarante cinq mil livres, lesquels
trante mil livres délivrés audict Cartier par les
mains de maistre Jan Duval monsieur le trésorier
de l'espargne dudict seigneur, de laquelle somme

absollument se rend ledict Cartier comtable et pre-
santement offre par parcelles et articles faire appa-
roir si loyallement a esté à la dispartion d'iceux
deniers procédé par luy, protestant iceluy Cartier de reveue et estre ouy au préalable respondre
à ce que se trouveroit ambigu et doubteux à trouver, et promet apprès la vive voix par actes, en
seignementz et instruments authenticques supplians et requérant, quant à ce, iceux estre veuz,
entenduz et receuz selon que droict et raizon
supposent le faict pour ledict Cartier mesmes ès
choses qui autrement ne peuvent estre entendues,
desquelz ledict Cartier se charge en prouve, recongnoissance et probation, si requis se trouve de plus
ample.

Plus se charge ledict Cartier avoir receu dudict
sieur de Robertval la somme de trese cents cinquante livres tournois en six cents escus soleil que
ledict sieur de Robertval print par emprunt de
François Crosnier bourgeois de Sainct Malo, quels
furent employés à partye des payements et mises
dudict Cartier et de laquelle somme ledict sieur de
Robertval a depuis baillé respondant audict Crosnier, Allouise Détiville, sieur de Sainct Martin,
et par ainsy demeure ledict Cartier comptable de
trente un mil trois centz cinquante livres.

Laquelle charge congneue, reste ouyr et entendre au calcul de sa déscharge et icelle congneue
l'équipoler à ladicte charge et veoir qui succombera.

Mais avant passer outre, reste scavoir et plainement preveoir l'intention du Roy que à l'expédi-

tion dudict voiaige, doibvent, par lesdicts Robertval et Cartier, estre fourniz cinq navires, tant en
chapt par de partie, que en auléaige pour les autres, tous portans quattre centz tonneaux de
charge, pour lesquelz en général est ordonné
huict mil cinq cents livres pour le tout desdicts
navires pour l'accomplissement dudict voiaige,
comme il est à plain contenu en ladicte transaction verballe convenue de par ledict seigneur par
Maistre Guillaume Preudhomme, et encore réitéré
et spécifié par l'acquict dudict Duval, lhors qu'il
print, qu'il livra lesdictz trante mil livres audict
Cartier, et pour specificacion plus ample de ce
que ledict Cartier a faict et employé pour l'exécution de tout ledict voiaige, et ce par l'exprès commandement qui apparoistra à suffire dudict sieur
de Robertval lieutenant pour le Roy audict voiaige,
dict, maintient et affirme ledict Cartier avoir employé loyaument et mieux que pour son propre
affaire huict mil cinq centz livres, au payement et
réparation en pur achapt de partie desdicts navires, et en la solde de fret et nauléaige pour les
aultres, lesquelz cinq navires il a fourniz et paiés
luy seul sur ladicte somme de trante un mil trois
centz cinquante livres qu'il avoict, portant de
charge plus de cinquante tonneaux outre le contenu en ladicte transaction verballe, et ce que
commendé estoict par ledict seigneur pour l'exécution dudict voiaige quant es dicts navires, le
tout par le commandement dudict de Robertval,
comme il apparoistra par lettres expresses et man-

dements de luy, à raison de quoy supplie ledict Cartier ladicte somme d'huict mil cinq cents livres luy estre adjugée en déduction et rabeix de ladicte somme de trante mil livres et dont il est chargé, attendu le debvoir qu'il a faict, memes que deffaillant ledict argent du Roy qu'il avoict admis son propre au hazard et à grosses adventures pour le service dudict seigneur, comme il vous apparoistra quant viendra au poinct du tier navire, lequel, ne peult estre payé selon que l'intention dudict seigneur y estoict, mais pour le deffault de l'argent que ledict de Robertval avoict et debvoict rapporter de jour en jour pour faire ce que resteroict pour iceluy voiaige, fut par iceluy Cartier contrainct de mener à ses grosses adventures à mesme droict de neauléaige les aultres deux comme il est à plain contenu audict article que ledict Cartier met à option et choix de vous, Messieurs, estant pour ledict seigneur à ce présant compte, de luy déduire ladicte somme à luy adjugée par ladicte transaction verballe, pour lesdicts cinq navires, qu'est huict mil cinq cents livres, à ce que adjoint ce que ledict Cartier a fraié pour l'Esmerillon et réparation d'iceluy qui estoict au Roy, de la réparation duquel vous apparoistra par enqueste sur ce faicte par gens à ce credibles qui se monte à la somme de mil livres, de quoy offre ledict Cartier faire ample approbation, et se charge quant à ce de prouve suffisante au bien prendre que la charge desdicts deux navires l'Ermine et l'Emerillon a quatre mil cinq cents livres, et en ce qui est du tier navire mettrés

pour dix sept mois qu'il a esté audict voiaige dudict
Cartier, et pour huict mois qu'il a esté à retourner
querir ledict Robertval audict Canada au péril de
nauléaige que les autres deux, se seront deux mil
cinq cents livres, et, pour les autres deux qui furent audict voiaige, six mois à cent livres le mois,
sont douze cents livres, par ainsi à ceste fin seront
huict mil deux cents livres, ledict tier navire demeurant acquis et propre audict Cartier en le re-
tenent au Roy retour faict à son taux avecq la réparation dudict Emerillon se trouvera employé
par ledict Cartier huict mil sept cents livres que ledict Cartier supplie luy estre mys en déduction
de la charge dont est comptable, qui est de trante
un mil trois cents cinquante livres, et par ainsi,
déduisant huict mil sept cents livres, ne restera
que vingt deux mil six cents cinquante livres,
dont est comptable ledict Cartier, et ce y deduit et
mis à valloir.

Ce présent compte a esté par nous Robert Legoupil escuyer, licentié ès loix, lieutenant général
en la juridiction de l'admiraulté à la table de
marbre au Palais de Rouan, de hault et puissant
seigneur Monseigneur l'Admiral de France et
commissaire du Roy en ceste partye, en la pré-
sance de maistres Robert Lelarge, Pierre Caradas
advocat et procureur du Roy, Jan Loue greffier de
mondict seigneur l'Admiral, Thomas Saldaigne,
Alvaro de Latour, François Maillard et Jan Noury,
par nous appellés suyvant la commission à nous

addressée et envoyée par le Roy, veu, ouy et procédé à l'examen, audition, gect et calcul d'iceluy
jouxte les codes apposés et escripts en la marge de
ce dict compte et procès verbal par nous de ce faict
et signé, et des susdicts officiers et commissaires,
appert selon l'oppinion et advis desdicts commissaires par le gect et calcul qu'ils en ont faict, ledict
Cartier auroict employé et fraié tant pour les navires, victuailles, souldes, marchandises, loyers
advances et autres frayz par ledict Cartier jusqu'à
la rendition de ce dict compte, pour le faict et
expédition dudict voiaige, la somme de trante neuf
mil neuf cents quattre vingts huict livres quattre
sols six deniers tournois.

Ledict Cartier se charge avoir receu du Roy
nostre Sire pour l'expédition et entremise dudict
voiaige la somme de trante mil livres tournois,
par les mains de maistre Jan Duval, trésorier de
l'espargne.

Plus se charge avoir receu par les mains dudict
de la Rocque sieur de Robertval, six centz escus
soleil vallans trese cents livres.

Ainsi appert que en allouant lesdicts frais et
mises seroict deub audict Cartier de reste de son
dict compte pour l'entremise dudict voiaige pour
avoir plus mis et promis payer que receu, la somme
de huict mil six cents trente huict livres quattre
sols six deniers tournois, aux réservations et conditions contenues esdicts codes et procès verbal.
En tesmoing de ce, nous lieutenant officiers et
commissaires susnomméz, avons signé ce présant

et faict sceller sur un lacet passé le travers de ce dict compte contenant soixante dix fueillets, du grand seau de ladicte admiraulté, le vingt unieme jour de juin l'an de grâce mil cinq cents quarante quattre. Ainsi signé : R. Legoupil, R. Lelarge, P. Caradas, Thomas de Saldaigne, Alvaro de la Tour, F. Maillard, Jan Noury, J. Loue, et scellé du seau de cire rouge pendant à las de soye traversant ledict compte.

> Quelle incertion cy dessus, de commencement dudict compte, et deduction d'iceluy, Nous dicts notaires avons aussy fidellement collationnné sur l'original et contiennent les transumps des lettres et incertions cy dessur, quatorze fueillets d'escripture, sans comprendre cestuy prochain subséquant où nous apposerons nos signes, et sont lesdicts quatorze fueillets escripts de Sebastien Odievre, frère dudict Jacques. Et sont les originaux desdictes lettres et compte demeurés audict Jacques Odievre et de son consentement le présant transumpt délivré au capitaine Jacques Noël, dudict Sainct Malo, aussy l'un des successeurs dudict feu Cartier, ce requérant pour servir à luy et audict Jacques Odievre et leurs consors ainsi que de raison. Faict audict Sainct Malo chés ledict Etienne Gravé le vingt sixieme jour de Novembre an

mil cinq cents quatre vingts sept avent
midy. Et ont lesdicts Jacques Odievre et
Jacques Noel, signé, tesmoign le seau
royal cy appozé. Ainsi signé : Jacques
Noel, Jac Odievre, E. Gravé, notaire
royal, Jn Lesieu, notaire royal, et scellé.

———

HENRY par la grâce de Dieu, roy de France et
de Pollogne, à tous ceux qui ces présantes lettres
verront, salut : Scavoir faisons que Nous, ayant
egard et considération aux bons et aggréables services que nostre cher et bien aymé Estienne Chatton sieur de la Jaunaye, de Sainct Malo en Bretaigne, a faictz sur la mer depuis dix huit ans en
ça au feu roy Charles dernier debcédé nostre très
cher seigneur et frère, mesmes pendant le siege de
la Rochelle, reprise de Bellisle que depuis à l'armement de six navires qui furent admis et mis en
mer au mois de mars dernier passé, par nostre
commandement et audict Sainct Malo pour aller
contre les Rochelois et aultres ennemys de ceste
couronne, dans l'un desquels ledict de la Jaunaye
commandoict, lesquels feisrent prinse de deux navires en l'un desquels estoict Jan Abraham, secré-
taire de nostre cousin le prince de Condé, chargé
de plusieurs mémoires grandement préjudiciables
au bien de noz affaires, et au repos de noz subjectz,

Pour cestes causes, et pour l'espérance que nous avons qu'il continuera de bien en mieux à nostre service, selon que les occasions se presanteront, a plain confians aussy de sa fidellité, prud'hommie, vaillance, espériance au faict de la marine et bonne dilligence, avons ledict sieur de la Jaunaye retenu et retenons par ces présentes en l'estat de capitaine de nostre marine pour, par luy ledict estat avoir, tenir, et dorésnavant exercer et en jouir et user, aux honneurs, auctorité, prérogatives prééminances, franchises, libertés, droicts, proffilts, revenus et émolluements qui y appartiennent, et aux gaiges de six cents livres tournois par au tant qu'il nous plaira.

Si donnons en mandement par ces mesmes présentes à nostre cher et amé cousin le marquis de Villars, admiral de France, ou à son lieutenant en l'admirauté, que dudict sieur de la Jaunaye pris et reçeu le serment en tel cas requis et accoustumé, iceluy mettent et instituent ou face mettre et instituer de par nous en possession et saisine dudict estat et d'iceluy ensemble des honneurs, auctorité, prérogative, préeminances, franchises, libertés, gaiges de six cents livres par chascun an ; droicts, profilts, revenus et esmollumens desusdicts, le faire, souffrir et laisser jouir et user plainement et paisiblement et à luy obéir et entendre de tous ceux ainsi qu'il appartiendra ès choses touchant et consernant ledict estat et charge. Mendons en outre aux trésoriers de notre marine et chaicun d'eux en l'année de leur exercice, que audit de la

Jaunaye ils payent, baillent et délivrent lesdicts gaiges de six cents livres doresnavent par chaicun an, selon et ensuyyant les estats qui leur en seront par nous faicts, et qu'il est accoustumé en faire en semblable cas, car tel est nostre plaisir. En tesmoign de quoy nous avons faict mettre nostre scel à cesdictes presantes. Donné à Paris, le vingt neufvième jour d'Aougst l'an de grâce mil cinq cents et soixante quinze et de nostre regne le deuxième. Signé sur le reply : Par le Roy, Brulart, et seellé sur double queue de cire jaulne. Ainsi signé, collationné à l'original par moy notaire et secrettaire du Roy, Gourdon.

———

HENRY par la grâce de Dieu, roy de France et de Pollogne, à notre très cher et bien amé cousin, le duc d'Espernon, pair et admiral de France, gouverneur et notre lieutenant général en Normandie, vis admiral de Bretaigne, ou son lieutenant en ladicte admiraulté, salut. — Noz chers et bien améz, Estienne Chatton, escuier, sieur de la Jaunaye, et Jacques Nouel*, cappitaines de marines, et maistres pillottes de nostre ville de Sainct Malo

---

* Ledict Nouel en quelques voiages a faict office de pillotte et ledict Jaunaie nullement, et aussi ledict Jaunaie n'est nepveu ny heritier.

de l'Isle en Bretaigne, nepveuz et héritiers de deffunct Jacques Cartier, en son vivant cappitaine et
grand pillotte de marine, nous ont faict remonstrer en nostre conseil que feu nostre très cher sieur
et ayeul, considérant ledict feu Cartier avoir avecq
son soign, travail et dilligence et plus grandz fraiz
descouvert ès Terres Neufves* où il auraict voiagé,
desirant faire peupler lesdictz païs descouvertz par
ses lettres patentes du vingtiesme jour d'Octobre
mil cinq cent quarante, feist expédier ces lettres
de provision adressante audict feu Cartier** pour
faire descouverture des Terres Neufves, et peïs
de Canada et aultres lieulx adjaczant, pour lors
non recongneues habitées ne descouvertes par
aultres nations, pour y mener et conduire par mer
hommes et femmes affin de peupler et multiplier
ledict païs, à quoy ledict feu Cartier auroict satis-
fait de tout son pouvoir, ainsy que lesdicts habitans en font foy ; mesmes y faire bastir ung fort
et quelques aultres lieulx à habituer et réduire les
sauvaiges dudict païs à la congnoëssance de Dieu
et de sa foy catholicque, apostolicque et Romaine,
soubz l'auctorité et congnoissance de notredit feu
sieur et aïeul, auquel pour cest effect et pour favo-
riser ladicte descouverture, et donner moïen audit
Cartier de suporter les despens nécessaires luy feist
delivrer jusqu'à quarante mil livres que ledict

* La Terre Neufve n'a esté descouverte par ledict Cartier.
** Comme dict est ladicte Terre Neufve n'a esté descouverte
par ledict Cartier.

Cartier employa et aiant depuis randu compte par davant les commissaires à ce députez par nostre-dict feu sieur et aïeul, par la fin et closture *duquel il se trouve luy estre deu la somme de huict mil six cens trante livres*, comme il apert par les pieces cy attachées, mais en poursuivant la descouverture d'icelle terre, et des commoditez y estant, après plusieurs voiages et longs travaulx y avoir par le-dict Cartier * exposé son bien et moien, et de ses amys, et seroict decedé sans avoir ny aucuns de ses héritiers tiré rescompance de nosdicts prédes-seurs (*sic*), Neantmoins pour faire *continuer la mé-moire tant de leurdict feu oncle*** que d'eux, et que leur travail et entreprinse ne soict imputée vaine et illu-zoire, joinct le zèle et affection qu'ilz ont au bien de nostre service, aians esté dés leur jeunesse nouriz au faict de la marine, et en ensuivant les mémoires Cartier et instructions que leur a delaissé leur feu oncle leur aiant sur ces derniers jours recommandé l'exécution et continuation de son entreprinse***,

* Ledict Cartier doibt encor de reste aux habitans de Sainct Malo, particulliers lesquelz sont mortz, les sommes qu'il allé-guoit avoir promis paier par l'alouement de son compte.

** Comme devant est dict, ledict Jaunaie n'est nepveu, et ne sert l'article que pour leur profilt particullier.

*** Pour le regard dudict Jaunaie, n'a jamais esté audict Canada. Vray est que ledict Nouel y a esté comme y ont esté plusieurs aultres mariniers mersennaires, et touteffois a esté les deux dernieres années sans y aller, et aultres de la ville de Sainct Malo ont tousjours continué d'y aller.

ilz auroient par plusieurs fois (faict) ledict voiage,
mesmes continuent à présent d'an en an à y traficquer avec lesdictz sauvaiges, tant en peaulx de buf-
fes, buffetines, martres, zibelines et aultres sortes
de pelleteries et marchandies qui sy trouveront,
aïans, puis quelque temps, amené * aveques eux
audict lieu de Sainct Malo aucuns desdictz sauvaiges, iceulx
nouriz prèz d'un an en toute doulceur et amityé, et
depuis ramenez en leur païs au lieu de Canada
pour dautant plus faciliter leur traficq, (et) amitié
desdictz sauvaiges, par le moïen desquelz ilz auroient depuis descouvert certaines mynes de
cuyvre au cap de *Coujugon, audict païs,* ** de quoy
ilz nous auroient apporté le monstre après en avoir
faict l'espreuve, ayans trouvé et recongneu quelques places et forteresses qui y auroient esté
commencées en divers lieulx et endroictz desdictes
terres par le commandement de nostre feu sieur
et aïeul, estant de présent en ruyne à faulte d'a-
voir esté habituées et entretenues, qui est une très
grande perte et incommodité, pour estre ledict

---

* Il vint au navire où estoict ledict Nouel qui fut noury aulx
fraiz du propriétaire où estoict ledict Nouel, et l'autre prin-
cipal sauvaige auroict esté noury par le cappitaine Michel
Froter, propriëtaire d'un navire autre que celuy où estoict
ledict Nouel.

** Ce n'ont esté lesdictz Jaunaie et Nouel qui ont descouvert
ladicte myne, si tant qu'il y en ait, pour n'avoir esté ledict
Nouel audict cap de Coujugon, aincz sont les Basques que l'on
dict y avoir esté.

païs beau, * grand et fertille, et rapportans arbres
fruictiers, vignes et aultres semances propres
pour la nouriture de l'homme et très propre pour
y fere commerce et trafficq, oultre le profilt que
lesdictz mariniers pourroient rapporter aveques le
temps à cestuy nostre royaulme. Nous suppliant,
attendu ce que dessus, leur faire fournyr quelques
deniers tant pour rescompance de ladicte somme
deue audict deffunct leur oncle que des travaulx et
services dudict deffunct, affin de retourner audict
païs et terres de Canada, Coujugon et autres terres
adjaczentes pour y bastir et construire soubz nostre
adveu auctorité et obéïssance quelques forteresses
pour l'assurance et retraicte de leurs personnes et
vaiseaulx en conservation desdictz mineurs contre
les incurtions qui leur pourroient estre faictes
par noz subjectz et autres nations, ainsi qu'ilz
disent leur avoir esté faict l'année passée, *leur aïant*
esté bruslé trois pataches ** et enlevé une autre
par force, les ayants privez et faire perdre leur trafficq dudict dernier voiage, comme ilz entendent
en informer cy après, en temps et lieu, Et la né-

---

* Le païs n'est aucunement fertille ne extresmement froyd,
de telle sorte qu'il mourut plus de la moictyé des hommes
dudict Cartier audict païs de Canada, et partye du reste demeure en perilz, dont leurs enfanz en ont esté mal rescom-
pancez.

** Lesdictz de la Jaunaye et Nouel n'avoient interestz ausdictes pataches, si ce n'estoict en l'une où ledict Nouel y pouvoit
avoir bien peu d'interest.

cessité de noz affaires ne pourroient promettre ledict paiement, et celluy de deux mil deux cens
escuz deuz audict de la Jaunaye pour ses gaiges à
cause de son estat de cappitaine de la marine des
douze années dernières et sans préjudicier de leur
deue rescompance et recongnoissance des travaulx
dudict deffunct Cartier, reservant la *poursuille* *[en
temps plus propre, il nous pleust accorder à eulx
et leurs consortz tout le profilt qui pourra prove-
nir desdictz mynières et traficq desdictes pelleteri-
ries pendant les douze années prochaines, avecques le pouvoir et commission nécessaire pour ledict voiaige et descouvrement desdictes terres de
Canada, Coujugon et aultres adjaczentes, inhabit-
tées et non tenues et possédées d'aultres roys et
princes que desdictz sauvaiges, leur permectant
faire bastir à leurs despens selon leurs moïens aulx
lieux et places qu'il sera besoign pour leur refuge
et seurté en conseruation de leurs vaisseaulx et
miniers et à leurs perilz et fortunes, à la charge
touteffois que ledict traficq soict de par nous in-
terdict à tous noz aultres subjectz, de quelque
quallité qu'ilz soient, et à tous autres estrangers
sur peine de confiscation de corps et biens pendant lesdictes douze années prochaines venans,

---

* Et s'il estoict deu mérite ou rescompance audict Jaunaie
pour son estat de capitainerie de marines, ladicte rescompance
debvoit tourner au profilt et honneur desdictz habitans, pour
avoir esté auteurs du voiage, et faict les fraiz en vertu duquel
il a obtenu ses lettres de capitaine de marine.

sy ce n'est du gré desdictz suppliantz, et à l'effect
de tout ce que dessus, qu'il nous plaise leur con-
ceder la délivrance de soixante personnes tant
hommes que femmes par chacun an de noz prisons
de ceux qui seront condampnez à mort ou autre
punition corporelle, pour les mener audict païs de
Canada finir leur vie, tant au travail desdictes minieres et deffences desdictes places que peupler ledict païs comme il auroict esté permis audict deffunct Cartier par notre dict feu sieur et aïeul par
sa dicte commission.

Nous, aians mis en considération ladicte requeste et icelle faict voyr en nostre conseil *,
ensemble les vidimus cy attachez tant de ladicte commission dudict deffunct Cartier, arrest
de sondict compte, du mandement de réception
dudict de la Jaunaye en l'estat de Cappitaine de
notre marine, et voulans, comme il est très raïson-
nable, achever de effectuer ladicte descouverture,
puisqu'elle est commancée par noz subjectz et soubz
notre dict adveu et auctorité dont reste encore les
marques et vestiges des bastimentz et fortz qui y
auroient esté commencez, avons, de l'advis et déli-
beration des gens de nostre dict conseil d'estat,
accordé et octroié, accordons et octroions ausdictz

---

* Comme davant est dict, l'arrest dudict compte est fondé
sur ce que ledict Cartier supposoit avoir promis poïement , et
par le mandement dudict de la Jaunaye en son estat de cappitaine de marine il est fondé sur faulx donnez à entendre en la
plus grande partye de sa requête.

supplians le mesme pouvoir qui avoict esté donné
par notredict feu seigneur et aïeul et qui est contenu aux lettres de commission pour ce expédiées,
et dont la coppie est cy attachée, laquelle nous
voullons et entendons avoir lieu et sortir effect,
soubz les noms desdictz supplians, comme s'ilz
avoient esté nommez et exprimez, et que tout
fust cy par le meme specifié, et pour d'aultant
plus donner moïen ausdictz supplians de suppor-
ter les fraictz de ladicte descouverture, avons accordé que eulx seuls et leurs facteurs et entreme-
teur ayans pouvoir d'eux, ilz puissent faire tout
le traficq et commerce dudict païs de Canada, Coujugon et autres terres adjaczantes pour en faire
leur profilt et en jouir, tant de ce qu'il proviendra
desdictes minieres descouvertes et à descouvrir que
du traficq desdictes pelleteries et autres marchandies, à la charge d'en faire resantir noz subjectz, et
ce « pendant lesdictes douze années prochaines venans tant du profilt et esmolumens qu'ilz pourroient tirer dudict païs durant ledict temps, ilz
soient ne puissent estre de par nous ne autres re-
cherchez ne contrains à restitution; Et à ceste fin
leur en avons faict et faisons don, à la charge
toutesfois de païer les droictz accoustumez impo-
sez sur l'apport des semblables' marchandies en
nostre roiaulme, sy aucuns en sont poiez et deubz,
et par ce qu'il sera besoing d'hommes et femmes à
faire la peuplace audict païs, voullons, conformé-
ment aux lettres patantes de notredict feu sieur et
aïeul qu'il leur soit par noz courts de parlement,

juges présidiaulx et autres noz juges délivré jusques au nombre de soixante prinsonniers par chacun an de ceulx qui seront jugez et condampnez à mort ou autre peyne corporelle de quelque estat quallité ou condition qu'ilz trouveront leur estre nécessaire, et affin qu'ilz puissent avecques toute seureté travailler ausdictes mynes leur permettons dessoubz nostre adveu et auctorité faire bastir et construire telz fors et bastiment et magasins qu'ilz adviseront estre necessaires à l'effect que dessus, et ce aussi pour refuge, garde et conservation de leurs vaisseaulx et navires, aussi de leurs minières descouvertes et à descouvrir, et à ceste fin faire lesdictz supplians iceulx prisonniers embarquer en ung ou plusieurs vaisseaulx, lesquelz ilz feront armer, vituailler et équipper de sordartz et mariniers jusques à tel nombre qu'ilz adviseront, iceulx soldartz et prisonniers que l'on y menera abituer, tenir subjectz, et faire vivre en la crainte de Dieu, religion catholicque apostolique et Romaine, et ensuivre noz loix, statuts et ordonnances et en l'obeissance qui nous est deue, ensemble de converser et traicter par toutes voies de doulceur avecques lesdictz sauvaiges, iceulx atirer, tascher instruire et réduire à la congnoissance de Dieu et de sa foy crestienne, les desobeissans et malfaicteurs qui se y habituront faire punyr selon leurs démérites, et génerallement de faire toutes les ouvres et ouvertures de conquestes soubz nostre nom et auctorité par toutes les voices deues et licittes pour rendre ledict païs en notre obeissance et pour ce

faire avons dès à présent retenu et retenons lesdictz
de la Jaunaye et Nouel facteurs et négociateurs et
entremeteurs portant pouvoir de ce, pendant lesdictes douze années en notredicte favorable protection et sauvegarde spécialle, en faisant très expresses inhibitions et deffanses à tous aultres subjectz
et à toutes aultres nations ne leur donner aucun
trouble ou empeschement sur l'édification desdictes
forteresses ny s'avancer ny entremettre dudict
traficq tant desdictes minières que peleteries et aultres marchandies et denrées qui se trouveront
audict païs sur (peine) de confiscation de corps et
biens contre les contrevenans, sans que durant lesdictes douze années lesdictz supplians, leurs hoirs·
ou aiantz cause puissent estre empeschez, ne leur
présent pouvoir revocqué pour quelque cause que
ce soict, ains voullons qu'il demeure ferme et sta-
ble sans qu'il y puisse estre contrevenu, en cela
que cy après nous vinsions à révocquer ces présentes, et y commettre aultre personne que lesdictz
suppliantz, avant qu'ilz délaissent lesdictz lieux et
fortz, nous entendons qu'ilz soient préalablement
rembourcez de ce qu'est deu, tant pour les fraiz
dudict feu Cartier et de la Jaunaie que des despences qu'ilz auroient faictes pour l'exécution de
lesdictz présents armement et équipage de vaisseaulx, bastimentz de fortz et aultres despances
qu'ilz feront aparoir avoir faictes à l'effect que dessur, et vous mandons et commandons, et à tous
noz autres justiciers et officiers qu'il appartiendra
faire jouir lesdictz de nostre présente grâce et con-

tenu cy dessur, sans souffrir leur estre sur ce faict
ou donné aucun empeschement, au contraire
priant et requérant noz très chers et très amez
frères, cousins, alliez et confédérez, roys, princes
seigneurs et potentatz ne permettre que leurs sub-
jetz donnent aux suppliantz, leurs facteurs et entremecteurs aucun trouble ne empeschement, le
tout nonobstant quelques dons, traictés, passe-
portz, ou permissions que puissent avoir esté
par cy devant impetrez de nous, ou qui se pourroient cy après impetrer au préjudice de cesdictes
présentes, lesquelles révocquons par cesdictes présentes; car tel est nostre plaisir, et pour ce que
lesdictz de la Jaunaie et Nouel, leurs facteurs et
entremecteurs pourroient avoir affaire en plusieurs
et divers lieulx de ces présentes, voulons que au
vidimus d'Icelles deubment collationnées à l'original par l'un de noz amez et féaulx notaire et se-
crétaire, foy soict adjoustée comme au présent
original. Donné à Paris, le quatorziesme jour de
Janvier, l'an de grâce mil cinq cens quatre vingtz
huict et de notre reigne le quatorziesme. Ainsi
signé : Par le Roy en son conseil, Brullart, et scellé.

Scavoir sy les abitans de Sainct Mallo sont bien
fondez à poursuyvre la révocation desdictes lettres,
et principallement la clause qui porte interdiction
de trafficq et négoce de pelleterie, n'entendent
toutesfois rien entreprandre à ladicte minière ny
chose que descouvriront cy après.

* Et où le conseil ne seroict d'advis que penssions faire revocquer ladicte clause portant interdiction de traficq, si quelques habitants particulliers de Sainct Malo seroient recepvables et favorables à entrer en la place et lieu desdictz Jaunaie et Nouel, attendu qu'ilz souffriront et permettront la liberté à tous aultres abitans dudict traficq, et mynes, fors pour deux ou trois années premieres, au lieu que lesdicts Jaunaye et Nouel en veullent abstraindre lesdictz habitans et tous aultres d'en jouyr pour douze ans.

Et où Sa Majesté accorderait ausdicts particulliers habitans enterinement de leur requeste, s'ilz seroient subjectz de rembourcer lesdictz Jaunaie et Nouel de leur prétendu du et gaige et fraiz par eulx faictz et fraiez, eu esgard à leur donné à entendre et aux contestations y portées cy en marge, car si Sa Majesté ordonnoict que lesdictz particulliers et habitans merite n'y auroient, se deporter de icelle poursuilte.

** Scavoir si lesdictz habitans particulliers aiant

---

* Sy les particuliers font offre de se submettre à pareille obligacion que Jaunaye et Nouel, et déclarent que la requete qu'ils feront à Sa Majesté n'est point pour leur particulier profilt, mais pour laisser le commerce des peleteries à (toute) personne et avoir ce marcheix ouvert à tous ses subjects, leur requête difficilement sera refuzée pour ce qu'elle concerne la conservation de tout le corps et celles des dessusdicts n'est fondée que sur mensonges.

*' Puisque le roy ne baille aulcune finance esdictz particuliers,

obtenu et achemyné l'afaire, vient à congnoistre
et juger ladicte myne ne valloir la peyne d'estre
plus avant poursuyvie et descouverte par eulx,
si est chose qu'ilz puissent faire et en demeurer
libres vers Sa Majesté, attendu que ladicte Majesté
ne leur faict aucun fons, sans en pouvoir par cy
après estre recherchés.

Il sera mal aysé que les habitans de Sainct Malo
impetrent de la Majesté la révocation du traficq
des peleteries octroiées à Jaunaye et Nouel sy ilz
ne veullent se submettre aux mesmes charges et
obligacions esquelles les dessusdictz se sont abstrainctz pour la descouverture des minieres et (bastiment ?) des fortz pour la conservation d'icelles,
pour ce qu'il se dira tousjours que la permission
du Roy aulx susdicts Jaunaye et Nouel d'avoir le
traficq de la peletrye prohibitifve à tous aultres,
est comme le loyer et rescompence d'infiniz fraiz
et despences qu'il leur conviendra fere pour la descouverture desdictes minieres, avent d'estre (pour-
veus ?) et les avoir parées en estat d'en tirer
proufilt.

Mais si lesdictz habitants voulloient se submetre
aulx pareilles charges que ont faict lesdictz Jaunaye et Nouel, pour ce que lesdictes lettres sont
fondées sur faulx donnez à entendre, attendu que
Jaunaye ne est nepveu et héritier de Jacques Car-

---

si ne peuvent trouver aulcune minère qui vaille la peine à s'en
servir, ilz delaisseront la poursuilte et ne pourront estre re-
cherchez.

tier ou il ne luy touche d'aulcune parantée, et quant à Nouel, encore qu'il soict son nepveu, il a plusieurs autres cohéritiers, et que ce que Jaunaye prétend avoir faict de service pour le Roy, soict en la prinse d'Abraga, siege de la Rochelle, et recouvrement de Belisle, est bien faulx, et que s'il a commendé en l'un des six navires qui furent oposez par les habitans de Sainct Malo contre les deprédacions ordinaires de Rochelois, ledict service est deub ausdictz habitans, et non audict Jaunaye qui se contenta estre audict navire sans fere aulcun esploict de remarque, Iceulx habitants pourront fere revoquer lesdictes lettres et rendre le traficq audict lieu de Canada libre à toute la ville, s'il ne plaist au Roy le permettre à tous ses subjectz, et ce faisant, d'aultant que ledict Jaunaye a circonvenu ladicte Majesté en ses remonstrances tant pour l'effect cy-dessur que ce qu'il a faict accroire qu'il avait continué la descouverture encommencée dudict Cartier et avoict faict des grandz et longs voiaiges au Canada où il ne fut jamais.

Lesdictz habitans ne seront tenuz de paier esdict Jaunaye sesdictz gaiges de cappitaine de marine et non plus audict Nouel comme compaignon de l'imposture dudict Jaunaye et favorisant fere mensonges au conseil du Roy, et pour mieux faciliter la revocacion de ladicte clause et monstrer l'imposture desdictz Jaunaye et Nouel, sera bon que lesdictz habitans prennent pouvoir des aultres heritiers dudict Cartier pour fere entendre à la

Majesté que ledict Nouel n'est heritier dudict Cartier que en bien petite portion.

Délibéré à Rennes ce unziesme mars 1588.

DOURDIN.

***

HENRY par la grâce de Dieu Roy de France et de Polongne, à noz amez et féaulx conseillers les gens tenans notre court de Parlement de Bretaigne, seneschaulx dudict pays, ou leurs lieutenans, prévostz, maistres des portz, gardes et à tous noz autres justiciers et officiers qu'il appartiendra, salut. Nous avons faict veoir en notre conseil le cahyer des remonstrances de noz bien amez les gens des Trois Estats de notre pays et Duché de Bretaigne, à nous présenté par leurs depputez, contenant entre autres choses que de tout temps le commerce et traficq a esté libre à noz subjectz dudict pays avecq les sauvaiges et autres, Terres neufves, Pays de Canada, Conjugon et autres, tant des peleteryes, pesches que autres marchandises de quelque sorte que ce soit. Touteffois Estienne Chaton sieur de la Jaunaye, et Jacques Nouel, habitans de Sainct Malo, sur leur donné à entendre d'avoir faict quelques descouvertes esdictes ylles, auroient obtenu de nous lectres patentes dès le XIIII° Janvier

dernier, portant interdiction à tous autres de tra-
fiquer ausdict lieux pendant le temps de douze ans,
prétendant par ce moïen empescher la liberté ancienne et acoustumée du commerce de ladicte province en général, nous requerant très humblement
révocquer lesdictes lettres obtenues par lesdictz
Chaton et Nouel et ordonner que sans y avoir
esgard, il sera permis à noz subjectz de traficquer
ausdictes ysles avec telle liberté que au passé. Nous
ont aussy faict remonstrer que ceulx du grand
party du sel veullent imposer pris au sel, et en
faire taxe, d'où advient que plusieurs parties dudict pays, et entre autres du terrouer de Guerrande, estans contrainctz de bailler leurs marchandies au taulx dudict facteur, reçoivent pertes in-
finies, n'en tirant la xxe partye du proffict qu'ilz
avoient par avant accoustumé contre notre intention,
qui n'a esté empescher la liberté de vendre ne
achepter de gré à gré, et à tel pris que bon semblent
aux marchans, A occasion de quoy ilz ne peuvent
payer noz fouages et subventions, cela apportant
grande diminution du droict imposé sur le sel, lequel est d'aultant moindre que le sel est baillé à
vil pris, nous requérans très humblement leur
voulloir sur ce pourveoir, Nous, à ces causes, de
l'advis de notre conseil, desirans gratiffier lesdictz
Estatz en ce qu'il nous sera possible, et les con-
server en leurs libertez anciennes, en considération
du bon debvoir dont ilz ont usé à la conservation
dudict pays en notre obeyssance, inclinant à leur
requeste, nous avons révocqué et révocquons les-

D

dictes lettres d'interdiction obtenues par lesdictz de
la Jaunaye et Nouel, portans deffences à tous autres de traficquer ausdictz lieux durant le temps de
douze ans, sans que les impétrans s'en puissent
ayder ne prévalloir en aucune manière au préjudice des habitants de la province, excepté et ré-
servé touteffois pour le regard des mynières dont
ilz ont faict la recherche et descouverture, lesquelles interdictions et deffences nous avons levées
et ostées, levons et ostons de nostre plaine puissance
et auctorité royal, permis et permettons à tous noz
subjectz dudict pays de traficquer ausdictes ysles
avecq telle liberté qu'ilz en ont faict par le passé,
Et en oultre avons déclaré et déclarons que par le
bail par nous cy devant faict à ceulx dudict grand
party du sel ne leurs facteurs ou entremecteurs,
ou autres personnes puissent achepter sel au lieu
dudict Guerrande et autres endroictz de ladicte
province synon de gré à gré, à quoy vous mandons et enjoignons de tenir la main, sans que lesdictz du terrouer soient abstrainctz de vendre ou
achepter ledict sel au pris et taxe qu'en prétendent
faire ceulx dudict grand party, ausquelz à ceste fin
faisons deffences très expresses de ne troubler et
empescher ledict traficq et achapt volontaire, sur
les peynes qui y eschéent, Lesquelles deffances leur
seront faictes et à tous autres qu'il appartiendra sy
besoing est, par notre huissier ou sergent premier
sur ce requis, sans demander permission, placet
visa, ne pareatis, faisant en outre jouyr lesdictz
gens des trois Estatz du contenu en ces présentes

LIBRAIRIE TROSS, A PARIS
Rue Neuve-des-Petits-Champs, 5

HISTOIRE
DU CANADA
ET VOYAGES

QUE LES FRÈRES MINEURS RECOLLECTS Y ONT FAICTS
POUR LA CONUERSION DES INFIDELLES

DIVISEZ EN QUATRE LIURES

Où est amplement traicté des choses principales arriuées dans le
pays depuis 1615 iusques à la prise qui en a
esté faicte par les Anglois.

L'*Histoire du Canada* par le frère GABRIEL SAGARD THEODAT est l'ouvrage ancien le plus important qui ait paru sur cette partie de l'Amérique.

Il est d'une rareté excessive.

La nouvelle édition formera *quatre volumes* dont la pagination se
suivra pour le corps de l'ouvrage ; le dernier volume, réunissant diffé-
rentes pièces, sera précédé d'une notice historique.

Le prix de chaque volume est fixé :

Sur papier vélin, à	12 fr.
Sur papier de Hollande, à	20 fr.

C'est une réimpression figurée de l'édition rarissime de 1636, mais
il était impossible de suivre strictement page par page cette première
édition. Les chiffres de la pagination de l'original ont été placés en
marge, et la table de la nouvelle édition reproduira les deux pagi-
nations, ce qui facilitera les recherches.

Cette réimpression a été tirée à *un nombre très-restreint d'exemplaires.*
Le second volume vient de paraître ; le troisième paraîtra au mois de
septembre, et l'ouvrage entier sera terminé avant la fin de l'année.

Il vient de paraître

LE GRAND VOYAGE
DV PAYS DES HVRONS

situé en l'Amerique vers la Mer
douce, és derniers confins
de la nouuelle France,
dite Canada.

Où il est amplement traité de tout ce qui est du pays, des mœurs et du naturel des Sauuages. de leur gouuernement et façons de faire, tant dedans leurs pays, qu'allans en voyages : De leur foy et croyance; De leurs conseils et guerres, et de quel genre de tourmens ils font mourir leurs prisonniers. Comme ils se marient et esleuuent leurs enfans : De leurs Medecins, et des remedes dont ils vsent à leurs maladies : De leurs dances et chansons : De la chasse, de la pesche et des oyseaux et animaux terrestres et aquatiques qu'ils ont. Des richesses du pays : Comme ils cultiuent les terres, et accommodent leur Menestre. De leur deüil, pleurs et lamentations, et comme ils enseuelissent et enterrent leurs morts.

Auec vn Dictionnaire de la langue Huronne, pour la commodité de ceux qui ont à voyager dans le pays, et n'ont l'intelligence d'icelle langue.

PAR F. GABRIEL SAGARD THEODAT
Recollet de S. François, de la Prouince de S. Denys en France.

A PARIS

Chez DENYS MOREAV, *ruë S. Iacques, à la Salamandre d'argent.*

M. DC. XXXII
Auec Priuilege du Roy.

2 vol. petit in-8º, frontispice gravé.
Papier vélin, 24 fr. — Papier vergé, 30 fr.
Papier de Hollande, 40 fr.

Imprimé en France
FROC031002200619
21441FR00015B/274/P